JORGE BUCAY

Recuentos
PARA
Demián

OCEANOexprés

RECUENTOS PARA DEMIÁN
Los cuentos que contaba mi analista

Diseño de portada: Leonel Sagahón / Susana Vargas

© 1994, Jorge Bucay

© Editorial del Nuevo Extremo, S.A.
Buenos Aires, Argentina

D.R. © Editorial Océano de México, S.A. de C.V.
Blvd. Manuel Ávila Camacho 76, 10º piso
Col. Lomas de Chapultepec
Miguel Hidalgo, C.P. 11000, México, D.F.
Tel. (55) 9178 5100 • info@oceano.com.mx

Para su comercialización exclusiva en México, países
de Centroamérica, República Dominicana y Cuba

Tercera reimpresión en Océano exprés: noviembre, 2014

ISBN 978-607-400-353-6

Impreso en México / Printed in Mexico

A mi hija Claudia

Índice

Prólogo

Hace algunos años escribí, sin darme cuenta, una serie de cartas que dirigía a una supuesta e imaginaria amiga llamada Claudia. Esa serie terminaba con una carta que obviamente era la última.

Algunos amigos que conocían este hobby y algunos pacientes que sobrevaluaban su contenido, hicieron que me decidiera a publicar lo que después se llamaría *Cartas para Claudia*.

Sería muy difícil para mí expresar mi gratitud para con todos ellos: amigos y pacientes, a quienes les debo todos los placeres devenidos de las sucesivas ediciones de aquel libro.

Quizá sea por aquellas satisfacciones, quizá sea por vanidad, o quizá —lo dudo— sea porque finalmente haya encontrado algo más para decir... lo cierto es que hoy, cinco años después, vuelvo a sentarme ante una máquina para escribir esto que aquí empieza: quizá mi segundo libro.

En los últimos años, mi tarea como terapeuta ha ido variando más ostensiblemente que en toda la década anterior. Este viraje sucedió, como casi todas las cosas importantes de mi vida, sin que yo me diera acabada cuenta de lo que estaba sucediendo.

Un día, mientras conversaba con un colega sobre uno de sus pacientes, noté que venían a mi memoria infinitos relatos, fábulas y anécdotas con las cuales yo explicaría a ese paciente, a quien no conocía, su actitud de vida.

Me di cuenta de que, a solas con mis pacientes, había recurrido con frecuencia a esta manera de decir lo que deseaba.

Me di cuenta de cómo mis pacientes recordaban más mis relatos que mis interpretaciones, ejercicios, o comentarios.

Recordé el impacto profundo de los relatos del modelo ericksoniano.

Me di cuenta, en suma, de que estaba utilizando cada vez más una poderosa arma didáctica y por supuesto terapéutica.

Esto que hoy comienzo a escribir es una pequeña antología de relatos antiquísimos algunos y contemporáneos otros, historias tradicionales de todas las culturas, frases y anécdotas más o menos conocidas a las cuales decidí sumar algunos sucesos de mi vida personal y unos pocos cuentos de mi propia inventiva, sumados a —como no podían faltar— algunas humoradas que me han contado y que repito a menudo (demasiado repito y demasiado a menudo), a mis "pacientes" pacientes.

Sólo para que no sea tan fácil leerlos, agregué al principio o final de cada relato (que a partir de ahora voy a llamar indiscriminadamente "cuentos") uno o dos párrafos, ilustrando el uso que hago de estos cuentos en mi consultorio.

No necesito aclarar, creo, que este uso es sólo un ejemplo y que la sabiduría encerrada en estos cuentos excede en mucho la aplicación supuestamente dada en estos relatos.

Fue así, en la búsqueda de la manera de mostrar estos cuentos, que inventé a Demián, como alguna vez inventé a Claudia.

En realidad Demián ya estaba inventado. De hecho es mi hijo, el hermano mayor de Claudia. Y digo que lo inventé, porque ése es el nombre que le puse al supuesto paciente que se ve obligado —pobre— a soportar una y otra vez a ese terapeuta que se parece demasiado a mí.

Doctor Jorge M. Bucay

El elefante encadenado

–No puedo —le dije—, ¡NO PUEDO!

–¿Seguro? —me preguntó el gordo.

–Sí, nada me gustaría más que poder sentarme frente a ella y decirle lo que siento... pero sé que no puedo.

El gordo se sentó a lo Buda en esos horribles sillones azules del consultorio, se sonrió, me miró a los ojos y bajando la voz (cosa que hacía cada vez que quería ser escuchado atentamente), me dijo:

–¿Me permites que te cuente algo?

Y mi silencio fue suficiente respuesta.

Jorge empezó a contar:

Cuando yo era chico me encantaban los circos, y lo que más me gustaba de los circos eran los animales. También a mí como a otros, después me enteré, me llamaba la atención el elefante. Durante la función, la enorme bestia hacía despliegue de peso, tamaño y fuerza descomunal... pero después de su actuación y hasta un rato antes de volver al escenario, el elefante quedaba sujeto solamente por una cadena que aprisionaba una de sus patas a una pequeña estaca clavada en el suelo.

Sin embargo, la estaca era sólo un minúsculo pedazo de madera apenas enterrado unos centímetros en la tierra. Y aunque la cadena era gruesa y poderosa me parecía obvio que ese animal capaz de arrancar un árbol de cuajo con su propia fuerza, podría, con facilidad, arrancar la estaca y huir.

El misterio es evidente: ¿qué lo mantiene entonces?

¿Por qué no huye?

Cuando tenía cinco o seis años, yo todavía confiaba en la sabiduría de los grandes. Pregunté entonces a algún maestro, a algún padre, o a algún tío por el misterio del elefante. Alguno de ellos me explicó que el elefante no se escapaba porque estaba amaestrado.

Hice entonces la pregunta obvia:

–Si está amaestrado ¿por qué lo encadenan?

No recuerdo haber recibido ninguna respuesta coherente.

Con el tiempo me olvidé del misterio del elefante y la estaca... y sólo lo recordaba cuando me encontraba con otros que también se habían hecho la misma pregunta.

Hace algunos años descubrí que por suerte para mí alguien había sido lo bastante sabio como para encontrar la respuesta: *el elefante del circo no escapa porque ha estado atado a una estaca parecida desde que era muy, muy pequeño.*

Cerré los ojos y me imaginé al pequeño recién nacido sujeto a la estaca.

Estoy seguro de que en aquel momento el elefantito empujó, jaló y sudó tratando de soltarse. Y a pesar de todo su esfuerzo no pudo.

La estaca era ciertamente muy fuerte para él.

Juraría que se durmió agotado y que al día siguiente volvió a probar, y también al otro y al que le seguía...

Hasta que un día, un terrible día para su historia, el animal aceptó su impotencia y se resignó a su destino.

Este elefante enorme y poderoso, que vemos en el circo, no escapa porque cree —pobre— que NO PUEDE.

Él tiene registro y recuerdo de su impotencia, de aquella impotencia que sintió poco después de nacer.

Y lo peor es que jamás se ha vuelto a cuestionar seriamente ese registro.

Jamás... jamás... intentó poner a prueba su fuerza otra vez...

–Y así es, Demián. Todos somos un poco como ese elefante del circo: vamos por el mundo atados a cientos de estacas que nos restan libertad.

Vivimos creyendo que un montón de cosas "no podemos" simplemente porque alguna vez, antes, cuando éramos chiquitos, alguna vez, probamos y no pudimos.

Hicimos, entonces, lo del elefante: grabamos en nuestro recuerdo: NO PUEDO... NO PUEDO Y NUNCA PODRÉ.

Hemos crecido portando ese mensaje que nos impusimos a nosotros mismos y nunca más lo volvimos a intentar.

Cuando mucho, de vez en cuando sentimos los grilletes, hacemos sonar las cadenas o miramos de reojo la estaca y confirmamos el estigma: ¡NO PUEDO Y NUNCA PODRÉ!

Jorge hizo una larga pausa; luego se acercó, se sentó en el suelo frente a mí y siguió:

–Esto es lo que te pasa, Demi, vives condicionado por el recuerdo de que otro Demián, que ya no es, no pudo.

Tu única manera de saber, es intentar *de nuevo* poniendo en el intento todo tu corazón...

...TODO TU CORAZÓN.

Factor común

Cuando llegué por primera vez al consultorio de Jorge, sabía que no iba a ver un analista convencional. Claudia, que me lo había recomendado, me avisó que "el gordo" —como ella lo llamaba— era un tipo "un poco especial" (*sic*).

Yo ya estaba harto de las terapias convencionales, y sobre todo de algunos años aburridos en un diván psicoanalítico. Así que llamé y pedí una hora.

La primera impresión superaba todos los cálculos. Era una calurosa tarde de noviembre; yo había llegado cinco minutos antes y esperaba abajo, en la puerta de su edificio, que fuera la hora exacta.

A las cuatro y media en punto toqué el timbre, el interfón sonó, empujé la puerta y subí al noveno.

Esperé en el pasillo.

Esperé.

¡Y esperé!

Y cuando me cansé de esperar, toqué el timbre en la puerta del departamento.

Me abrió la puerta un tipo que a primera vista parecía vestido para irse de picnic: estaba en vaqueros, tenis y una camisa de color naranja rabioso.

–Hola —me dijo y su sonrisa me tranquilizó.

–Hola —contesté—, soy Demián.

–Sí claro, ¿qué te pasó que tardaste tanto en llegar arriba? ¿Te perdiste?

–No, no tardé. No quise tocar el timbre para no molestar... Por si estaba atendiendo...

–"Para no molestar" (?)... Así te debe ir a ti... —me respondió.

Me quedé mudo.

Era la segunda frase que me decía y me estaba diciendo algo que sin lugar a dudas era verdad pero... ¡Qué hijo de puta!

...El lugar donde Jorge atendía (no me animaría a llamar a eso "un consultorio"), era tal como Jorge: informal, desarreglado, desprolijo, cálido, colorido, sorprendente y, para qué negarlo, un poco sucio.

Nos sentamos en dos sillones frente a frente y mientras yo le contaba algunas cosas, Jorge tomaba mate (...¡tomaba mate durante la sesión!).

Me ofreció uno:

–Bueno —le dije.

–Bueno ¿qué?

–Bueno, el mate...

–No entiendo.

–Que te voy a aceptar un mate.

Jorge me hizo una servil y burlona reverencia y me dijo:

–Gracias, Majestad, por "aceptarme" un mate... ¿Por qué no me dices si quieres un mate o no, en lugar de hacerme favores?

Este tipo me iba a volver loco.

—¡Sí! —dije.

Y ahora sí el gordo me dio un mate.

Decidí quedarme un poco más.

Le conté entre mil cosas que algo debía andar mal en mí, porque tenía dificultades en mis relaciones con la gente.

Jorge preguntó cómo sabía yo que el problema era mío.

Le contesté que tenía dificultades en mi casa con mi padre, con mi madre, con mi hermano, con mi pareja... y que por lo tanto, obviamente el problema debía ser yo.

Allí fue cuando por primera vez Jorge me contó "algo".

Aprendería después, con el tiempo, que al gordo le gustaban las fábulas, las parábolas, los cuentos, las frases inteligentes y las metáforas logradas.

Según él, la única otra manera de comprender un hecho sin vivenciarlo directamente, es teniendo una clara representación interior simbólica del suceso.

—Una fábula, un cuento, o una anécdota —afirmaba Jorge— puede ser cien veces más recordada que mil explicaciones teóricas, interpretaciones psicoanalíticas o planteamientos formales.

Ese día, Jorge me dijo que podría haber algo desacompasado en mí, pero agregó que mi deducción era peligrosa, que mi conclusión autoacusadora no estaba apoyada en hechos que la determinaran.

Y me relató una de esas historias que él contaba en primera persona y que nunca se sabía si eran parte de su vida o de su fantasía:

Mi abuelo era bastante borrachín. Lo que más le gustaba tomar era anís turco. Él tomaba anís y le agregaba agua (para rebajarlo), pero igual se emborrachaba. Entonces tomaba whisky con agua y se emborrachaba. Y tomaba vino con agua y se emborrachaba.

Hasta que un día decidió curarse... y suspendió... ¡el agua!

La teta o la leche

Jorge no contaba cuentos todas las sesiones, pero por alguna razón tengo muy presente casi todos los relatos que me contó en el año y medio que estuve en terapia con él. Quizá él estaba en lo cierto y ésa era la mejor manera de recorrer un aprendizaje.

Me acuerdo aquel día en que le dije que me sentía muy dependiente de él. Le conté cuánto me molestaba y cómo a la vez no podía prescindir de lo que recibía de él. La suma de admiración y amor que sentía me parecía que me dejaban muy depositado en el hecho terapéutico y demasiado pendiente de la mirada de Jorge.

Tienes hambre de saber
hambre de crecer
hambre de conocer
hambre de volar...
Puede ser que hoy
yo sea la teta
que da la leche
que aplaca tu hambre...

Me parece muy bien que hoy
quieras esta teta.
Pero no te olvides:
No es la teta lo que te sirve...
¡Es la leche!

El ladrillo boomerang

Aquel día yo venía muy enojado. Estaba fastidiado y todo me molestaba. Mi actitud en el consultorio era quejosa y poco productiva. Detestaba todo lo que hacía y tenía. Pero sobre todo, estaba enojado conmigo. Aquel día sentía que no podía soportar (como en un cuento de Papini que me leyó Jorge), no podía soportar "ser yo mismo".

–Soy un estúpido —dije (o me dije)—, un reverendo imbécil... Creo que me odio.

–Te odia la mitad de la población de este consultorio. La otra mitad te va a contar un cuento.

Había un tipo que andaba por el mundo con un ladrillo en la mano. Había decidido que a cada persona que lo molestara hasta hacerlo rabiar, le tiraría un ladrillazo.

Método un poco troglodita pero que parecía efectivo, ¿no?

Sucedió que se cruzó con un prepotente amigo que le contestó mal. Fiel a su designio, el tipo agarró el ladrillo y se lo tiró.

No recuerdo si le pegó o no. Pero el caso es que después, al ir a buscar el ladrillo, esto le pareció incómodo.

Decidió mejorar el "sistema de autopreservación a ladrillo", como él lo llamaba: le ató al ladrillo un cordel de un metro y salió a la calle. Esto permitiría que el ladrillo no se alejara demasiado. Pronto comprobó que el nuevo método también tenía sus problemas.

Por un lado, la persona destinataria de su hostilidad debía estar a menos de un metro. Y por otro, que después de arrojarlo, de todas maneras tenía que tomarse el trabajo de recoger el hilo que, además, muchas veces se ovillaba y anudaba.

El tipo inventó así el "Sistema Ladrillo III": el protagonista era siempre el mismo ladrillo, pero ahora en lugar de un cordel, le ató un resorte.

Ahora sí, pensó, el ladrillo podría ser lanzado una y otra vez pero solo, solito regresaría.

Al salir a la calle y recibir la primera agresión, tiró el ladrillo.

Le erró... pero le erró al otro; porque al actuar el resorte, el ladrillo regresó y fue a dar justo en su propia cabeza.

El segundo ladrillazo se lo pegó por medir mal la distancia.

El tercero, por arrojar el ladrillo fuera de tiempo.

El cuarto fue muy particular. En realidad, él mismo había decidido pegarle un ladrillazo a su víctima y a la vez también había decidido protegerla de su agresión.

Ese chichón fue enorme...

Nunca se supo si a raíz de los golpes o por alguna

deformación de su ánimo, nunca llegó a pegarle un ladrillazo a nadie.

Todos sus golpes fueron siempre para él.

–Este mecanismo se llama retroflexión y consiste básicamente en proteger al otro de mi agresividad. Cada vez que lo hago, mi energía agresiva y hostil es detenida antes de que le llegue al otro, por medio de una barrera que yo mismo pongo. Esta barrera no absorbe el impacto, simplemente lo refleja; y toda esa bronca, ese fastidio, esa agresión me vuelve a mí mismo. A veces con conductas reales de autoagresión (daños físicos, comida en exceso, drogas, riesgos inútiles), otras veces con emociones o manifestaciones disimuladas (depresión, culpa, somatización).

Es muy probable que un utópico ser humano "iluminado", lúcido y sólido jamás se enojara. Sería útil para nosotros no enojarnos. Sin embargo, una vez que sentimos la bronca, la ira o el fastidio, el único camino que los resuelve es sacarlos hacia afuera transformados en acción. De lo contrario lo único que conseguimos, antes o después, es enojarnos con nosotros mismos.

El verdadero valor del anillo

Habíamos estado hablando sobre la necesidad de reconocimiento y valoración. Jorge me había explicado la teoría de Maslow sobre las necesidades crecientes.

Todos necesitamos el respeto y la estima del afuera para poder construir nuestra autoestima.

Yo me quejaba por entonces de no recibir la aceptación franca de mis padres, de no ser el compañero elegido de mis amigos, de no poder lograr el reconocimiento en mi trabajo.

–Hay una vieja historia —dijo el gordo, mientras me pasaba la pava para que yo cebara el mate— de un joven que concurrió a un sabio en busca de ayuda. Su problema me recuerda al tuyo.

–Vengo, maestro, porque me siento tan poca cosa que no tengo fuerzas para hacer nada. Me dicen que no sirvo, que no hago nada bien, que soy torpe y bastante tonto. ¿Cómo puedo mejorar? ¿Qué puedo hacer para que me valoren más?

El maestro, sin mirarlo, le dijo:

–Cuánto lo siento muchacho, no puedo ayudarte,

debo resolver primero mi propio problema. Quizá después... —y haciendo una pausa agregó—: Si quisieras ayudarme tú a mí, yo podría resolver este tema con más rapidez y después tal vez te pueda ayudar.

–E... encantado, maestro —titubeó el joven pero sintió que otra vez era desvalorizado y sus necesidades postergadas.

–Bien —asintió el maestro. Se quitó un anillo que llevaba en el dedo pequeño de la mano izquierda y dándoselo al muchacho, agregó—: toma el caballo que está allí afuera y cabalga hasta el mercado. Debo vender este anillo porque tengo que pagar una deuda. Es necesario que obtengas por él la mayor suma posible, pero no aceptes menos de una moneda de oro. Vete antes y regresa con esa moneda lo más rápido que puedas.

El joven tomó el anillo y partió.

Apenas llegó, empezó a ofrecer el anillo a los mercaderes. Éstos lo miraban con algún interés, hasta que el joven decía lo que pretendía por el anillo.

Cuando el joven mencionaba la moneda de oro, algunos reían, otros le daban vuelta la cara y sólo un viejito fue tan amable como para tomarse la molestia de explicarle que una moneda de oro era muy valiosa para entregarla a cambio de un anillo. En afán de ayudar, alguien le ofreció una moneda de plata y un cacharro de cobre, pero el joven tenía instrucciones de no aceptar menos de una moneda de oro, y rechazó la oferta.

Después de ofrecer su joya a toda persona que se cruzaba en el mercado —más de cien personas— y abatido por su fracaso, montó su caballo y regresó.

Cuánto hubiera deseado el joven tener él mismo

esa moneda de oro. Podría entonces habérsela entregado al maestro para liberarlo de su preocupación y recibir entonces su consejo y ayuda.

Entró en la habitación.

–Maestro —dijo—, lo siento, no es posible conseguir lo que me pediste. Quizá pudiera conseguir dos o tres monedas de plata, pero no creo que yo pueda engañar a nadie respecto del verdadero valor del anillo.

–Qué importante lo que dijiste, joven amigo —contestó sonriente el maestro. Debemos saber primero el verdadero valor del anillo. Vuelve a montar y vete al joyero. ¿Quién mejor que él, para saberlo? Dile que quisieras vender al anillo y pregúntale cuánto te da por él. Pero no importa lo que ofrezca, no se lo vendas. Vuelve aquí con mi anillo.

El joven volvió a cabalgar.

El joyero examinó el anillo a la luz del candil, lo miró con su lupa, lo pesó y luego le dijo:

–Dile al maestro, muchacho, que si lo quiere vender ya, no puedo darle más que cincuenta y ocho monedas de oro por su anillo.

–¡¿Cincuenta y ocho monedas?! —exclamó el joven.

–Sí —replicó el joyero—, yo sé que con tiempo podríamos obtener por él cerca de setenta monedas, pero no sé... Si la venta es urgente...

El joven corrió emocionado a casa del maestro a contarle lo sucedido.

–Siéntate —dijo el maestro después de escucharlo. Tú eres como este anillo: una joya, valiosa y única. Y como tal, sólo puede evaluarte verdaderamente un experto. ¿Qué haces por la vida pretendiendo que cualquiera descubra tu verdadero valor?

Y diciendo esto, volvió a ponerse el anillo en el dedo pequeño de su mano izquierda.

El rey ciclotímico

Cuando comencé a hablar, me di cuenta de mi acele-
ramiento.

Estaba eufórico.

A medida que le contaba a Jorge, me daba cuenta
de cuántas cosas había hecho durante la semana.

Como otras veces, me sentía un Superman triun-
fal, un enamorado de la vida. Le contaba al gordo mis
planes para los próximos días. Tenía tanta fuerza, tanta energía...

El gordo se sonrió alegre y acompañante.

Como siempre, me pareció que ese tipo me acom-
pañaba en mis estados de ánimo, cualesquiera que
fueran. Compartir esta alegría con Jorge era una razón
más para estar alegre. Todo me salía bien.

Seguí planeando cosas. No me alcanzarían dos
vidas para hacer lo que estaba dispuesto a empezar.

–¿Te cuento un cuento? —dijo.

Con esfuerzo, reconozco, me callé.

Había una vez un rey muy poderoso que reinaba un
país muy lejano. Era un buen rey. Pero el monarca
tenía un problema: era un rey con dos personalidades.

Había días en que se levantaba exultante, eufórico, feliz.

Ya desde la mañana, esos días aparecían como maravillosos. Los jardines de su palacio le parecían más bellos. Sus sirvientes, por algún extraño fenómeno, eran amables y eficientes esas mañanas.

En el desayuno confirmaba que se fabricaban en su reino las mejores harinas y se cosechaban los mejores frutos.

Ésos eran días en que el rey rebajaba los impuestos, repartía riquezas, concedía favores y legislaba por la paz y por el bienestar de los ancianos. Durante esos días, el rey accedía a todos los pedidos de sus súbditos y amigos.

Sin embargo, había también otros días.

Eran días negros. Desde la mañana se daba cuenta de que hubiera preferido dormir un rato más. Pero cuando lo notaba ya era tarde y el sueño lo había abandonado.

Por mucho esfuerzo que hacía, no podía comprender por qué sus sirvientes estaban de tan mal humor y ni siquiera lo atendían bien. El sol le molestaba aun más que las lluvias. La comida estaba tibia y el café demasiado frío. La idea de recibir gente en su despacho le aumentaba su dolor de cabeza.

Durante esos días, el rey pensaba en los compromisos contraídos en otros tiempos y se asustaba pensando en cómo cumplirlos. Ésos eran los días en que el rey aumentaba los impuestos, incautaba tierras, apresaba a sus opositores...

Temeroso del futuro y del presente, perseguido por los errores del pasado, en esos días legislaba contra su pueblo y su palabra más usada era NO.

Consciente de los problemas que estos cambios de humor le ocasionaban, el rey llamó a todos los sabios, magos y asesores de su reino a una reunión.

—Señores —les dijo—, todos ustedes saben acerca de mis variaciones de ánimo. Todos se han beneficiado de mis euforias y han padecido mis enojos. Pero el que más padece soy yo mismo, que cada día estoy deshaciendo lo que hice en otro tiempo, cuando veía las cosas de otra manera.

Necesito de ustedes, señores, que trabajéis juntos para conseguir el remedio, sea brebaje o conjuro que me impida ser tan absurdamente optimista como para no ver los hechos y tan ridículamente pesimista como para oprimir y dañar a los que quiero.

Los sabios aceptaron el reto y durante semanas trabajaron en el problema del rey.

Sin embargo, todas las alquimias, todos los hechizos y todas las hierbas no consiguieron encontrar la respuesta al asunto planteado.

Entonces se presentaron ante el rey y le contaron su fracaso.

Esa noche el rey lloró.

A la mañana siguiente, un extraño visitante le pidió audiencia.

Era un misterioso hombre de tez oscura y raída túnica que alguna vez había sido blanca.

—Majestad —dijo el hombre con una reverencia—, del lugar de donde vengo se habla de tus males y de tu dolor. He venido a traerte el remedio.

Y bajando la cabeza, acercó al rey una cajita de cuero.

El rey, entre sorprendido y esperanzado, la abrió y

buscó dentro de la caja. Lo único que había era un anillo plateado.

–Gracias —dijo el rey entusiasmado—, ¿es un anillo mágico?

–Por cierto lo es —respondió el viajero—, pero su magia no actúa sólo por llevarlo en tu dedo...

Todas las mañanas, apenas te levantes, deberás leer la inscripción que tiene el anillo. Y recordar esas palabras cada vez que veas el anillo en tu dedo.

El rey tomó el anillo y leyó en voz alta: DEBES SABER QUE *ESTO* TAMBIÉN PASARÁ.

Las ranitas en la crema

Yo estaba en época de exámenes. Había presentado dos finales y un parcial. Tenía fecha para mi siguiente examen en una semana y la materia era muy larga.

–No voy a llegar —le dije a Jorge. Es inútil seguir poniendo energía en una causa perdida. Creo que lo mejor es presentarme con lo que sé hasta ahora; así, por lo menos si me reprueban no habré desperdiciado esta semana estudiando.

–¿Conoces el cuento de las dos ranitas? —preguntó el gordo.

Había una vez dos ranas que cayeron en un recipiente de crema.

Inmediatamente sintieron que se hundían; era imposible nadar o flotar mucho tiempo en esa masa espesa como arenas movedizas. Al principio, las dos patalearon en la crema para llegar al borde del recipiente pero era inútil, sólo conseguían chapotear en el mismo lugar y hundirse. Sintieron que cada vez era más difícil salir a la superficie a respirar.

Una de ellas dijo en voz alta:

–No puedo más. Es imposible salir de aquí, esta materia no es para nadar. Ya que voy a morir, no veo para qué prolongar este dolor. No entiendo qué sentido tiene morir agotada por un esfuerzo estéril.

Y dicho esto, dejó de patalear y se hundió con rapidez siendo literalmente tragada por el espeso líquido blanco.

La otra rana, más persistente o quizá más tozuda, se dijo:

–¡No hay caso! Nada se puede hacer para avanzar en esta cosa. Sin embargo, ya que la muerte me llega, prefiero luchar hasta mi último aliento. No quisiera morir un segundo antes de que llegue mi hora.

Y siguió pataleando y chapoteando siempre en el mismo lugar, sin avanzar un centímetro. ¡Horas y horas!

Y de pronto... de tanto patalear y agitar, agitar y patalear... la crema, se transformó en manteca.

La rana sorprendida dio un salto y patinando llegó hasta el borde del bote.

Desde allí, sólo le quedaba ir croando alegremente de regreso a casa.

El hombre que se creía muerto

Recuerdo que me había quedado pensando en el cuento de las dos ranitas.

—Es como aquella poesía de Almafuerte —comenté. No te des por vencido ni aun vencido.

—Puede ser —dijo el gordo—, aunque más me parece que en este caso es: "No te des por vencido antes de ser vencido" o si quieres: "No te declares perdedor antes de llegar al tiempo de la evaluación final". Porque...

Y ya que estaba, me contó otro cuento.

Había un señor muy aprensivo respecto de sus propias enfermedades y, sobre todo, muy temeroso del día en que le llegara la muerte.

Un día entre tantas ideas locas, se le ocurrió que quizá él ya estaba muerto. Entonces le preguntó a su mujer:

—Dime mujer, ¿no estaré muerto yo?

La mujer rio y le dijo que se tocara las manos y los pies.

—Ves, ¡están tibios! Bien, eso quiere decir que estás vivo. Si estuvieras muerto, tus manos y tus pies estarían helados.

Al hombre le sonó muy razonable la respuesta y se tranquilizó.

Pocas semanas después, el hombre salió bajo la nieve a cortar algunos árboles. Cuando llegó al bosque se sacó los guantes y comenzó a talar.

Sin pensarlo, se pasó la mano por la frente y notó que sus manos estaban frías. Acordándose de lo que le había dicho su esposa, se quitó los zapatos y los calcetines y confirmó con horror que sus pies también estaban helados.

En ese momento ya no le quedó ninguna duda, se "dio cuenta" de que estaba muerto.

–No es bueno que un muerto ande por ahí talando árboles —se dijo. Así que dejó el hacha al lado de su mula y se tendió quieto en el piso helado, las manos en cruz sobre el pecho y los ojos cerrados.

A poco de estar tirado en el piso, una jauría comenzó a acercarse a las alforjas donde estaban las provisiones. Al ver que nada los paraba, destrozaron las alforjas y devoraron todo lo que había de comestible. El hombre pensó:

–Suerte que saben que estoy muerto que si no, yo mismo los corría a patadas.

La jauría siguió husmeando y descubrió el burro atado a un árbol. Fácil presa era de los filosos dientes de los perros. El burro chilló y coceó pero el hombre sólo pensó qué lindo sería defenderlo, si no fuera porque él estaba muerto.

En algunos minutos dieron cuenta del burro, sólo unos pocos perros seguían royendo algún hueso.

La jauría, insaciable, siguió rondando el lugar.

No pasó mucho tiempo hasta que uno de los perros olió el olor del hombre. Miró a su alrededor y vio al leñador tirado inmóvil en el piso. Se acercó lentamente (muy lentamente, porque el hombre era muy peligroso y engañador).

En pocos instantes, todos los perros babeando sus fauces rodearon al hombre.

–Ahora me van a comer —pensó—, si no estuviera muerto otra sería la historia.

Los perros se acercaron...

...y viendo su inacción se lo comieron.

El portero del prostíbulo

Cursaba la mitad de la carrera y, como muchos, de repente empecé a replantearme mi decisión de estudiar. Llevé el tema a mi terapia. Yo me daba cuenta de que me presionaba y me forzaba para seguir estudiando.

–Ése es el problema —dijo Jorge. Mientras sigas creyendo que "tienes que" estudiar y recibirte, no hay posibilidades de que lo hagas con placer y mientras no haya por lo menos un poco de placer, algunas partes de tu personalidad te van a jugar malas pasadas.

Jorge repetía hasta aburrir que no creía en el esfuerzo. Decía que nada útil se puede conseguir esforzándose. Sin embargo... en este caso yo creo que se equivocaba. Por lo menos sería la excepción que confirma la regla.

–Pero Jorge, yo no puedo dejar de estudiar —dije—, yo no creo que en el mundo en que me va a tocar vivir, yo pueda ser alguien si no tengo un título. Una carrera de alguna manera es una garantía.

–Puede ser —dijo el gordo. ¿Sabes lo que es el Talmud?

–Sí.

–Hay un cuento en el Talmud, trata sobre un hombre común. Ese hombre era el portero de un prostíbulo.

No había en aquel pueblo un oficio con peor reputación y peor pagado que el de portero del prostíbulo... Pero ¿qué otra cosa podría hacer aquel hombre?

De hecho, nunca había aprendido a leer ni a escribir, no tenía ninguna otra actividad ni oficio. En realidad, era su puesto porque su padre había sido el portero de ese prostíbulo y también antes, el padre de su padre.

Durante décadas, el prostíbulo se pasaba de padres a hijos y la portería se pasaba de padres a hijos.

Un día, el viejo propietario murió y se hizo cargo del prostíbulo un joven con inquietudes, creativo y emprendedor. El joven decidió modernizar el negocio.

Modificó las habitaciones y después citó al personal para darle nuevas instrucciones.

Al portero, le dijo:

–A partir de hoy usted, además de estar en la puerta, me va a preparar una planilla semanal. Allí anotará usted la cantidad de parejas que entran día por día. A una de cada cinco, le preguntará cómo fueron atendidas y qué corregirían del lugar. Y una vez por semana, me presentará esa planilla con los comentarios que usted crea convenientes.

El hombre tembló, nunca le había faltado disposición al trabajo pero...

–Me encantaría satisfacerlo, señor —balbuceó—, pero yo... yo no sé leer ni escribir.

–¡Ah!, ¡cuánto lo siento! Como usted comprenderá, yo no puedo pagar a otra persona para que haga esto y tampoco puedo esperar hasta que usted aprenda a escribir, por lo tanto...

–Pero señor, usted no me puede despedir, yo trabajé en esto toda mi vida, también mi padre y mi abuelo...

No lo dejó terminar.

–Mire, yo comprendo, pero no puedo hacer nada por usted. Lógicamente le vamos a dar una indemnización, esto es, una cantidad de dinero para que tenga hasta que encuentre otra cosa. Así que, lo siento. Que tenga suerte.

Y sin más, se dio vuelta y se fue.

El hombre sintió que el mundo se derrumbaba. Nunca había pensado que podría llegar a encontrarse en esa situación. Llegó a su casa, por primera vez, desocupado. ¿Qué hacer?

Recordó que a veces en el prostíbulo cuando se rompía una cama o se arruinaba una pata de un ropero, él, con un martillo y clavos se las ingeniaba para hacer un arreglo sencillo y provisorio. Pensó que ésta podría ser una ocupación transitoria hasta que alguien le ofreciera un empleo.

Buscó por toda la casa las herramientas que necesitaba, sólo tenía unos clavos oxidados y una tenaza mellada. Tenía que comprar una caja de herramientas completa. Para eso usaría una parte del dinero que había recibido.

En la esquina de su casa se enteró de que en su pueblo no había una ferretería, y que debería viajar dos días en mula para ir al pueblo más cercano a realizar la compra. ¿Qué más da?, pensó, y emprendió la marcha.

A su regreso, traía una hermosa y completa caja de herramientas. No había terminado de quitarse las botas cuando llamaron a la puerta de su casa. Era su vecino.

–Vengo a preguntarle si no tiene un martillo para prestarme.

–Mire, sí, lo acabo de comprar pero lo necesito para trabajar... como me quedé sin empleo...

43

–Bueno, pero yo se lo devolvería mañana bien temprano.

–Está bien.

A la mañana siguiente, como había prometido, el vecino tocó la puerta.

–Mire, yo todavía necesito el martillo. ¿Por qué no me lo vende?

–No, yo lo necesito para trabajar y además, la ferretería está a dos días de mula.

–Hagamos un trato —dijo el vecino. Yo le pagaré a usted los dos días de ida y los dos días de vuelta, más el precio del martillo, total usted está sin trabajar. ¿Qué le parece?

Realmente, esto le daba un trabajo por cuatro días... Aceptó.

Volvió a montar su mula.

Al regreso, otro vecino lo esperaba en la puerta de su casa.

–Hola, vecino. ¿Usted le vendió un martillo a nuestro amigo?

–Sí...

–Yo necesito unas herramientas, estoy dispuesto a pagarle sus cuatro días de viaje y una pequeña ganancia por cada herramienta. Usted sabe, no todos podemos disponer de cuatro días para nuestras compras.

El exportero abrió su caja de herramientas y su vecino eligió una pinza, un destornillador, un martillo y un cincel. Le pagó y se fue.

"...No todos disponemos de cuatro días para hacer compras", recordaba.

Si esto era cierto, mucha gente podría necesitar que él viajara a traer herramientas.

En el siguiente viaje decidió que arriesgaría un poco del dinero de la indemnización, trayendo más herramientas que las que había vendido. De paso, podría ahorrar algún tiempo en viajes.

La voz empezó a correrse por el barrio y muchos quisieron evitarse el viaje.

Una vez por semana, el ahora corredor de herramientas viajaba y compraba lo que necesitaban sus clientes.

Pronto entendió que si pudiera encontrar un lugar donde almacenar las herramientas, podría ahorrar más viajes y ganar más dinero. Alquiló un galpón.

Luego le hizo una entrada más cómoda y algunas semanas después con una vidriera, el galpón se transformó en la primera ferretería del pueblo.

Todos estaban contentos y compraban en su negocio.

Ya no viajaba, de la ferretería del pueblo vecino le enviaban sus pedidos. Él era un buen cliente.

Con el tiempo todos los compradores de pueblos pequeños más lejanos, preferían comprar en su ferretería y ganar dos días de marcha.

Un día se le ocurrió que su amigo el tornero podría fabricar para él las cabezas de los martillos.

Y luego, ¿por qué no?, las tenazas... y las pinzas... y los cinceles. Y luego fueron los clavos y los tornillos...

Para no hacer muy largo el cuento, sucedió que en diez años aquel hombre se transformó con honestidad y trabajo en un millonario fabricante de herramientas. El empresario más poderoso de la región.

Tan poderoso era, que un año para la fecha de comienzo de las clases, decidió donar a su pueblo una escuela. Allí se enseñarían, además de lectoescritura, las artes y los oficios más prácticos de la época.

El intendente y el alcalde organizaron una gran fiesta de inauguración de la escuela y una importante cena de agasajo para su fundador.

A los postres, el alcalde le entregó las llaves de la ciudad y el intendente lo abrazó y le dijo:

–Es con gran orgullo y gratitud que le pedimos nos conceda el honor de poner su firma en la primera hoja del libro de actas de la nueva escuela.

–El honor sería para mí —dijo el hombre. Creo que nada me gustaría más que firmar allí, pero yo no sé leer ni escribir. Yo soy analfabeto.

–¿Usted? —dijo el intendente, que no alcanzaba a creerlo. ¿Usted no sabe leer ni escribir? ¿Usted construyó un imperio industrial sin saber leer ni escribir? Estoy asombrado. Me pregunto, ¿qué hubiera hecho si hubiera sabido leer y escribir?

–Yo se lo puedo contestar —respondió el hombre con calma. Si yo hubiera sabido leer y escribir... ¡sería portero del prostíbulo!

Dos números menos

Esa tarde venía con un tema preparado: quería seguir hablando sobre el esfuerzo.

Cuando lo hablamos en el consultorio me pareció bastante razonable; pero a la hora de poner en práctica lo aprendido, me resultaba imposible ser coherente con lo que en teoría sonaba tan deseable.

–Siento que definitivamente no puedo vivir sin hacer, de vez en cuando por lo menos, algunos esfuerzos. Es más, la verdad, me parece imposible que alguien, cualquiera, pueda hacerlo.

–En algo tienes razón —me dijo el gordo. Yo me he pasado gran parte de mis últimos veinte años intentando ser fiel a mi ideología y no siempre con éxito. Creo que a todos les debe pasar lo mismo. La idea del "no-esfuerzo" es un desafío, una práctica, una disciplina. Y como tal, requiere de entrenamiento.

–Al principio a mí también me parecía imposible —siguió—, ¿qué iban a pensar los demás de mí, si no iba a esa reunión?, ¿si no los escuchaba atentamente aunque me importara un bledo lo que tenían que decir?

¿Si no me mostraba agradecido con ese tipo al que yo consideraba una basura?

¿Si contestaba fácilmente que NO a un pedido al que simplemente no tenía ganas de acceder?

¿Si me daba el lujo de trabajar cuatro días por semana renunciando a ganar más dinero?

¿Si transitaba el mundo sin estar bien afeitado?

¿Si me negaba a dejar de fumar hasta que no pudiera hacerlo naturalmente?

Si...

Alguna vez escribí que esta idea del esfuerzo necesario es una creación social que parte de una ideología determinada, de una ideología de hecho bastante severa con la imagen del hombre social. Parece bastante claro que si el hombre es vago, malvado, egoísta y dejado, entonces, el hombre debe esforzarse para "mejorar". Pero ¿será cierto que el hombre es así?

Yo escuchaba fascinado, no tanto por lo que Jorge me decía, sino por mi propia imagen de lo que sería vivir relajadamente, sin peleas conmigo mismo, tranquilo y sin prisas, sin preguntarme nunca más: "¿Qué m... hago yo aquí?".

Pero ¿por dónde empezar?

–Primero —siguió Jorge, como si adivinara mis pensamientos—, antes que ninguna otra cosa es preciso desactivar una trampa que nos pusieron cuando éramos así de chiquititos. Esta trampa es una idea tan prendida en nosotros, que forma parte de esta cultura explícita e implícitamente: "Sólo se valora lo que se consigue con esfuerzo".

Como dirían los estadunidenses, esto es bull-shit (caca de toro). Cualquiera puede darse cuenta con su propio sentido de realidad, que esto no es cierto, y sin embargo, estructuramos nuestra vida como si fuera una verdad incuestionable.

Hace algunos años "describí" un síndrome clínico que aunque no está registrado en los tratados médicos ni psicológicos, ha sido padecido, o lo es todavía, por todos nosotros. Decidí llamarlo, ya vas a ver por qué: el síndrome del zapato dos números más chico.

El hombre entra en la zapatería, un vendedor amable se le acerca:

–¿En qué le puedo servir, señor?

–Quisiera un par de zapatos negros como los de la vitrina.

–Cómo no, señor. A ver, a ver... el número que busca... debe ser... 41, ¿verdad?

–No, quiero un 39, por favor.

–Disculpe, señor, hace veinte años que trabajo en esto y el número suyo debe ser 41, quizá 40, pero... 39?

–39, por favor.

–Disculpe, ¿me permite que le mida el pie?

–Mida lo que quiera, pero yo quiero un par de zapatos 39.

El vendedor saca de un cajón ese extraño aparato que usan los vendedores de zapatos para medir pies y con satisfacción, proclama:

–¿Vio? Como yo decía: ¡41!

–Dígame ¿quién va a pagar los zapatos usted o yo?

–Usted.

–Bien, entonces ¿me trae un 39?

El vendedor, entre resignado y sorprendido, va a buscar el par de zapatos número 39. En el camino se da cuenta de lo que pasa: los zapatos no son para él, seguramente son para hacer un regalo.

–Señor, aquí los tiene: 39 negros.

–¿Me da un calzador?

–¿Se los va a poner?

–Sí. Claro.

–Son... ¿para usted?

–¡Sí! ¿Me trae el calzador?

El calzador era imprescindible para conseguir hacer entrar ESE pie en ESE zapato. Después de varios intentos y de ridículas posiciones, el cliente consigue meter todo el pie dentro del zapato.

Entre ayes y gruñidos camina algunos pasos, con dificultad, sobre la alfombra.

–Está bien. Los llevo.

El vendedor siente dolor en sus propios pies de sólo imaginar los dedos aplastados dentro del 39.

–¿Se los envuelvo?

–No, gracias. Los llevo puestos.

El cliente sale del negocio y camina, como puede, las tres cuadras que lo separan de su trabajo.

El hombre trabaja de cajero (!) en un banco.

A las cuatro de la tarde, después de haber pasado más de seis horas parado dentro de esos zapatos, su cara está desencajada, tiene las conjuntivas inyectadas y lágrimas caen copiosamente de sus ojos.

Su compañero, de la caja de al lado, lo ha estado mirando toda la tarde y está preocupado por él:

–¿Qué te pasa? ¿Te sientes mal?

–No. Son los zapatos.

–¿Qué pasa con los zapatos?

–Me aprietan.

–¿Qué pasó? ¿Se mojaron?

–No, son dos números más chicos que mi pie...

–¿De quién son?

–Míos.

–No entiendo. ¿No te duelen los pies?

–Me matan, los pies.

–¿Y entonces?

–Te explico —dice, tragando saliva. Yo no vivo una vida de grandes satisfacciones, en realidad, en los últimos tiempos tengo muy pocos momentos agradables.

–¿Y?

–Yo me mato con estos zapatos. Sufro como un hijo de puta, es verdad... Pero dentro de unas horas, cuando llegue a mi casa y me los saque... ¿Te imaginas el placer?... Qué placer, oye... ¡Qué placer!

–Parece una locura, ¿verdad? Lo es, Demián, LO ES.

Ésta es en gran medida nuestra pauta educativa. Yo creo que mi postura es también un extremo. Sin embargo, vale la pena probarla como si fuera un saco, a ver cómo nos queda.

Yo creo que no hay nada verdaderamente valioso que se pueda obtener con el esfuerzo.

...Me fui pensando en su última frase, grosera y contundente: EL ESFUERZO, PARA LOS CONSTIPADOS.

Carpintería "El 7"

—Es que además de obtusos hay tipos que no se dejan ayudar —me quejé.

El gordo se acomodó y contó:

Era una pequeña casucha, casi un ranchito en las afueras de la ciudad. Un pequeño taller adelante con unas pocas máquinas y herramientas, dos piezas, una cocina y un rudimentario baño atrás...

Sin embargo, Joaquín no se quejaba, en estos dos años el taller de carpintería "El 7" se había hecho conocer en el pueblo y él ganaba suficiente dinero como para no tener que recurrir a sus magros ahorros.

Esa mañana, como todas, se levantó a las seis y media para ver salir el sol. No obstante, no llegó al lago. En el camino, a unos doscientos metros de su casa, casi tropezó con el cuerpo herido y maltrecho de un joven.

Con rapidez, se arrodilló y apoyó su oído contra el pecho del joven... débilmente, allá en el fondo, un corazón luchaba por mantener lo que quedaba de vida en ese cuerpo sucio y hediente a sangre, a mugre y a alcohol.

Joaquín fue a buscar y trajo una carretilla, sobre la que cargó al joven. Al llegar a la casa tendió el cuerpo sobre su cama, cortó las raídas ropas y lo higienizó cuidadosamente con agua, jabón y alcohol.

El muchacho, además de su borrachera, había sido golpeado con salvajismo. Tenía heridas cortantes en las manos y la espalda, y su pierna derecha estaba fracturada.

Durante los siguientes dos días, toda la vida de Joaquín se centró en la salud de su obligado huésped: curó y vendó las heridas, entablilló su pierna y alimentó al joven de a pequeñas cucharadas con caldo de pollo.

Cuando el joven despertó, Joaquín estaba a su lado mirándolo con ternura y ansiedad.

–¿Cómo estás? —preguntó Joaquín.

–Bien... creo —respondió el joven mientras se miraba su cuerpo aseado y curado—, ¿quién me curó?

–Yo.

–¿Por qué?

–Porque estabas herido.

–¿Sólo por eso?

–No, también porque necesito un ayudante.

Y ambos rieron con ganas...

Bien comido, bien dormido y sin beber alcohol, Manuel, que así se llamaba el joven, se fortaleció enseguida.

Joaquín intentaba enseñarle el oficio y Manuel intentaba rehuir del trabajo todo lo que podía. Una y otra vez Joaquín inculcaba en aquella cabeza deteriorada por la vida transcurrida, las ventajas del buen trabajo, del buen nombre y de la vida buena. Una y otra vez, Manuel parecía entender y dos horas o dos días después, volvía a quedarse dormido o se olvidaba de cumplir con la tarea que Joaquín le había encomendado.

Pasaron meses. Manuel estaba curado. Joaquín había destinado para Manuel la habitación principal, una participación en el negocio y el primer turno del baño, a cambio de la promesa del joven, de dedicación al trabajo.

Una noche, mientras Joaquín dormía, Manuel decidió que seis meses de abstinencia eran suficientes y creyó que una copa en el pueblo no le haría daño. Por si Joaquín se despertaba en la noche, cerró la puerta de su habitación desde adentro y salió por la ventana dejando la vela encendida para dar la impresión de que se encontraba allí.

A la primera copa siguió la segunda, y a ésta la tercera, y la cuarta, y otras muchas...

Cantaba con sus compañeros de trago, cuando pasaron los bomberos por la puerta del boliche haciendo sonar la sirena. Manuel no asoció este hecho con lo ocurrido hasta que de madrugada, tambaleándose hasta su casa, vio la muchedumbre reunida en su cuadra...

Sólo alguna pared, las máquinas y unas pocas herramientas se salvaron del incendio. Todo lo demás quedó destruido por el fuego. De Joaquín sólo se encontraron cuatro o cinco huesos chamuscados, que enterraron en el cementerio bajo una lápida donde Manuel hizo escribir: "LO HARÉ, JOAQUÍN. ¡LO HARÉ!".

Con mucho trabajo, Manuel, reconstruyó la carpintería. Él era vago, pero hábil y lo que aprendió de Joaquín alcanzó para llevar adelante el negocio.

Siempre sentía que, desde algún lugar, Joaquín lo miraba y alentaba. Manuel lo recordaba en cada logro: su casamiento, el nacimiento de su primer hijo, la compra de su primer auto...

...A quinientos kilómetros de allí Joaquín, vivito y coleando, se preguntaba si era lícito mentir, engañar y prenderle fuego a esa casa tan bonita sólo para salvar a un joven.

Se contestó que sí, y rio de sólo pensar en la policía de pueblo que confunde huesos humanos con huesos de cerdo...

Su nueva carpintería era un poco más modesta que la anterior, pero ya era conocida en el pueblo... se llamaba... CARPINTERÍA "EL 8".

—A veces, Demián, la vida te hace difícil poder ayudar a un ser querido. No obstante, si hay alguna dificultad que vale la pena enfrentar, es la de estar para otro.

Esto no es un "deber moral" ni nada que se le parezca, ésta es una elección de vida que cada uno puede hacer a su tiempo y en la dirección que desee.

Mi experiencia personal vivencial y observatoria me hace creer que el ser humano libre y encontrado consigo mismo es generoso, solidario, amable y capaz de disfrutar por igual del dar y del recibir.

Por lo tanto, cada vez que te encuentres con aquellos que viven mirándose el ombligo, no los odies; ya bastante lío deben tener con ellos mismos. Cada vez que te descubras en actitudes mezquinas, ruines o pequeñas, aprovecha para preguntarte qué te está pasando. Te garantizo que en algún lugar erraste el rumbo.

Alguna vez, escribí: "Un neurótico no necesita un terapeuta que lo cure ni un papito que lo cuide. Todo lo que necesita, es un maestro que le muestre dónde perdió el camino".

Posesividad

No sé muy bien debido a qué historias, entré en un camino angustiante e inútil.

Todo empezó con un ataque de celos con mi novia. Ella había preferido encontrarse con sus amigas del colegio y postergar la salida conmigo, que lo contrario. Desde allí empezaron a desfilar por mi cabeza las situaciones de pérdida y el dolor que esto siempre me causaba.

Yo había hablado en terapia de la importancia de vivir las pérdidas como tales, pero ahora estaba francamente fastidiado.

–No entiendo por qué tengo que compartir mi pareja con sus amigas, ni mis amigos con sus parejas. Lo digo así para escucharme esta estupidez y que me ayudes. Cuando algo es MÍO, aunque sea troglodítico como dices tú, siento que tengo derecho de cederlo o NO, y por el tiempo que quiera yo. Por eso es MÍO.

Jorge dejó la pava para cebar el mate y me contó:

Caminaba distraídamente por la calle cuando la vio. Era una enorme y hermosa montaña de oro.

El sol le daba de lleno y al rozar su superficie reflejaba tornasoles multicolores, que la hacían parecer un personaje galáctico salido de una película de Spilberg.

Se quedó un rato mirándola como hipnotizado.

–¿Tendrá dueño? —pensó.

Miró para todos lados, pero nadie estaba a la vista.

Al fin, se acercó y la tocó.

Estaba tibia.

Pasando los dedos por su superficie, le pareció que su suavidad era la correspondencia táctil perfecta de su luminosidad y de su belleza.

–La quiero para mí —pensó.

Muy suavemente la levantó y comenzó a caminar con ella en brazos, hacia las afueras de la ciudad.

Fascinado, entró lentamente en el bosque y se dirigió al claro.

Allí, bajo el sol de la tarde, la colocó con cuidado en el pasto y se sentó a contemplarla.

–Es la primera vez que tengo algo valioso que es mío. ¡Sólo mío! —pensaron los dos simultáneamente.

–Cuando poseemos algo y nos esclavizamos en dependencia de ese algo, quién tiene a quién, Demi...

¿QUIÉN TIENE A QUIÉN?

Torneo de canto

Me quedé pegado a algunas de las palabras de la sesión anterior.

Salí del consultorio y me resonaban: mezquino, ruin, egoísta, rumbo equivocado... tenía un lío en mi cabeza, indescifrable.

Llegué a sesión con la "clara intención", como decía Jorge, de seguir sobre el tema.

—Jorge —dije—, tú siempre defiendes el egoísmo como la clara expresión de la autoestima, del amor propio bien entendido... pero la vez pasada hablaste de mezquino, y yo que me contagié de ti esa estúpida costumbre de buscar en el diccionario las palabras que me resuenan, busqué, por supuesto, mezquino.

—¿Y?

—Decía: "Avaro, miserable, desgraciado, pobre". Y ¿qué quieres que te diga? A mí, de repente, me suena todo igual.

—Veamos —dijo el gordo que había agarrado el diccionario de la Real Academia. Aquí agrega: "Necesitado, escaso, diminuto" y dice que la palabra es de origen árabe (de miskin = pobre).

—Quizá ahora lo podamos definir mejor —siguió. "Mezquino" debe ser el que carece, o cree que carece,

59

de lo más necesario. Es el que necesita lo que no tiene para dejar de ser diminuto, es el que se niega a dar porque todo lo quiere para él, es el pobre desgraciado infeliz que no puede ver otros deseos que los suyos.

Jorge hizo un largo silencio buscando en su memoria... y yo me acomodé para escuchar lo que seguía.

Una vez llegó a la selva un búho que había estado en cautiverio, le contaba a todos acerca de las costumbres de los humanos.

Contaba, por ejemplo, que en las ciudades los hombres calificaban a los artistas en competencias, a fin de decidir quiénes eran los mejores en cada disciplina, pintura, dibujo, escultura, canto...

La idea de trasplantar costumbres humanas prendió con fuerza entre los animales y quizá por ello se organizó de inmediato un concurso de canto, en el cual se anotaron rápidamente casi todos los presentes, desde el jilguero al rinoceronte.

Guiados por el búho, que había aprendido en la ciudad, se decretó que el concurso se definiría por el voto secreto y universal de todos los concursantes, que serían de esta manera su propio "jurado".

Así fue. Todos los animales incluido el hombre pasaron al estrado y cantaron recibiendo el más o menos intenso aplauso de la audiencia. Luego anotaron su voto en un papelito y lo colocaron doblado en una gran urna que sostenía el búho.

Cuando llegó el momento del recuento, el búho se subió al improvisado escenario y flanqueado por dos ancianos monos, abrió la urna para leer y comenzar el recuento de los votos del "transparente acto eleccionario", "gala del voto universal y secreto" y "ejemplo de vocación democrática" (como había escuchado decir a los políticos en las ciudades).

Uno de los ancianos sacó el primer voto y el búho, ante la emoción general, gritó:

–El primer voto, hermanos, es para nuestro amigo ¡el burro!

Se produjo un silencio, seguido de algunos tímidos aplausos.

–Segundo voto: ¡burro!

–...?????...

–Tercero... ¡burro!

Los concurrentes comenzaron a mirarse, sorprendidos al principio, acusadoramente después y, por último, cuando proseguían apareciendo votos para el burro, cada vez más culposos y avergonzados de sus propios votos.

Todos sabían que no había peor canto que el desastroso rebuzno del equino. Sin embargo, uno tras otro, los votos lo elegían como el mejor de los cantores.

Y así sucedió que, terminado el escrutinio, quedó decidido por "libre elección" del "imparcial" jurado, que el desigual y estridente grito del burro era el ganador: LA MEJOR VOZ DE LA SELVA Y ALREDEDORES.

El búho explicó después lo sucedido: cada concursante considerándose a sí mismo el indudable vencedor, había dado su voto al menos calificado de los concursantes: aquel que no podía representar amenaza alguna a su propia proclamación.

La votación fue casi unánime. Sólo dos votos no

fueron para el burro: el del propio burro que nada tenía para perder y votó sinceramente por la calandria y el del hombre que (cuándo no) votó por sí mismo.

—Y bien, Demián, éstas son las cosas que hace la mezquindad en nuestra sociedad. Cuando nos sentimos tan necesitados que no hay espacio para otros, cuando nos creemos tan merecedores que no podemos ver más lejos de nuestro ombligo, cuando nos imaginamos tan maravillosos que no concebimos otra posibilidad que no sea poseer lo deseado, entonces muchas veces la vanidad, la miseria, la necedad, la estupidez, nos vuelven mezquinos. No egoístas, Demián, mezquinos... ¡MEZ-QUI-NOS!

¿Qué terapia es ésta?

Desde hacía tiempo muchos de mis amigos me preguntaban a mí, como le preguntaban a otros, qué tipo de terapia era ésta que yo estaba haciendo. Estaban todos tan sorprendidos por algunas cosas que yo contaba sobre el gordo y sobre lo que pasaba en el consultorio, que no podían encuadrar esta forma de trabajar con ningún modelo terapéutico que ellos conocieran (y, para qué negarlo, con ninguno que yo hubiera conocido tampoco).

...Así que aquella tarde, cuando llegué, aprovechando que mis cosas estaban más o menos en calma ("ordenadas cada una en su lugar", como decía el gordo), le pregunté a Jorge qué terapia era ésa.

–¿Qué terapia es?... Qué sé yo... ¿Será terapia esto? —me contestó el gordo.

¡Mala suerte!, pensé, el gordo está en esos días herméticos en que es inútil tratar de obtener respuesta a algo... Insistí:

–En serio, quiero saber.

–¿Para qué?

–Para aprender.

–¿Para qué te serviría aprender qué tipo de terapia es ésta?

–Ya no me puedo zafar de esto, ¿no? —dije, intuyendo lo que seguía.

–¿Zafar? ¿Para qué te quieres zafar?

–Mira, me molesta no poder preguntarte nada. Cuando tienes ganas, te la pasas explicando y cuando no, es imposible conseguir que contestes una puta pregunta. Carajo, ¡no es justo!

–¿Estás enojado?

–¡Síííí!, estoy enojado.

–¿Y qué haces con tu enojo? ¿Qué quieres hacer ahora con la bronca que sientes? ¿Te la vas a llevar puesta?

–No, quiero putear. ¡La puta que lo parió!

–Putea otra vez.

–¡La puta que lo parió!

–Otra vez. Otra vez.

–¡La puta que lo parió!

–Sigue. ¿A quién estás insultando? ¡Sigue!

–¡A tu madre! Gordo de mierda. ¡A tu madre!

El gordo miró en silencio cómo yo recuperaba el aliento y retomaba poco a poco mi perdido ritmo respiratorio.

Algunos minutos después, abrió su boca:

–Éste es el tipo de terapia que hacemos, Demi, una terapia al servicio de comprender lo que te está pasando en cada momento. Una terapia destinada a abrir brechas entre tus máscaras, para dejar salir cada vez más al verdadero Demián que eres.

Una terapia, de alguna manera, única e indescriptible, porque está armada sobre las estructuras de dos personas únicas e indescriptibles que somos tú y yo; y que han acordado, por ahora, prestar más atención al proceso de crecimiento de una de ellas: tú.

Una terapia que no cura a nadie, porque reconoce que sólo puede ayudar a algunos a que se curen a sí mismos. Una terapia que no intenta producir ninguna reacción, sino solamente actuar como un catalizador capaz de acelerar un proceso, que se hubiera producido de todas maneras con o sin terapeuta.

Una terapia que (al menos con este terapeuta) se parece cada vez más a un proceso didáctico, y en fin, una terapia que jerarquiza más el sentir que el pensar, más el hacer que el planificar, más el ser que el tener, más el presente que el pasado o el futuro.

–Ése es el punto. El presente. Ésa es la diferencia que me parece que hay con mis terapias anteriores: el énfasis que tú pones en la situación actual. Todos los otros terapeutas que conocí o de los que me contaron siempre, están interesados en el pasado, en las razones, en los orígenes del problema; tú no te ocupas mucho de todo eso. Si no sabes dónde empezó el lío ¿cómo puedes arreglarlo?

–Para hacerla corta, la vamos a tener que hacer larga. A ver si lo puedo explicar: en el universo terapéutico, y hasta donde yo sé, habitan más de doscientas cincuenta formas de terapia que se corresponden más o menos con otras tantas posturas filosóficas.

Estas escuelas son todas diferentes entre sí, en la ideología, en la forma o en el encuadre, pero apuntan creo, todas a un mismo fin: mejorar la calidad de vida del paciente. Quizá en lo que no podamos ponernos de acuerdo es en lo que para cada terapeuta quiere decir "mejorar la calidad de vida"... pero ¡en fin!

Sigamos. Estas doscientas cincuenta escuelas se podrían agrupar en tres grandes líneas de pensamiento, según el acento que cada modelo psicoterapéutico ponga en su exploración de la problemática del paciente:

1. Escuelas que se focalizan en el pasado.
2. Escuelas que se focalizan en el futuro.
3. Escuelas que se focalizan en el presente.

La primera línea, de lejos la más poblada, incluye todas aquellas escuelas que parten (o funcionan como si partiesen) de la idea de que un neurótico es un tipo que una vez, allá lejos, cuando era chiquito tuvo un problema y paga desde entonces las consecuencias de aquella situación. El trabajo entonces consiste en recuperar todos los recuerdos de la historia pretérita del paciente, hasta encontrar aquellas situaciones que ocasionaron esta neurosis. Como estos recuerdos están, según los analistas, "reprimidos" en el inconsciente, la tarea es hurgar en ese inconsciente buscando los hechos que fueron "ocultados".

El ejemplo más claro de este modelo es el psicoanálisis ortodoxo. Para identificar a estas escuelas, yo suelo decir que buscan el "porqué".

Muchos analistas, como yo los veo, creen que con sólo encontrar el motivo de este síntoma, esto es, si el paciente descubre por qué hace lo que hace, si se hace consciente lo inconsciente, entonces todo el mecanismo empezará a funcionar correctamente.

El psicoanálisis —por tomar la más difundida de estas escuelas— tiene, como casi todas las cosas, ventajas y desventajas: la ventaja fundamental es que no existe (o yo no creo que exista) otro modelo terapéutico que brinde un conocimiento más profundo de los propios procesos interiores. Ningún otro modelo es capaz, parece, de llegar al nivel de autoconocimiento al que se podría llegar con las técnicas freudianas.

En cuanto a las desventajas son por lo menos dos. Por un lado, la duración del proceso terapéutico (según me dijo alguna vez un analista, un tercio del tiempo vivido por el paciente cuando comenzó su terapia), demasiado largo, lo cual lo hace fatigoso y antieconómico (no sólo en dinero). Y por otro lado, la dudosa efectividad "terapéutica" del modelo. Personalmente dudo de que el insight sea suficiente para modificar un planteamiento de vida, una postura enfermiza o el motivo de consulta que trajo al paciente a consulta.

En la otra punta, creo yo, están las escuelas psicoterapéuticas focalizadas en el futuro. Estas líneas, muy en boga en este momento, podría yo sintetizarlas más o menos en lo siguiente: el verdadero problema es que el consultante equivoca la conducta adecuada a su intención. Por lo tanto, la tarea no consiste en descubrir por qué le pasa lo que le pasa (esto ya se lo da por sentado), ni en saber quién es el individuo que sufre; el punto es cómo conseguir que el paciente llegue adonde él se propone, o consiga lo que desea o enfrente lo que teme para vivir más productiva y positivamente.

Esta línea, representada en forma clásica por el conductismo, propone la idea de que sólo se pueden aprender nuevas conductas ejecutándolas, cosa que el paciente difícilmente se atreverá a hacer sin la ayuda, el apoyo y la dirección de una ayuda exterior. Esta ayuda será preferiblemente dada por un profesional que le indicará las conductas, recomendará en forma explícita las actitudes adecuadas y acompañará de hecho al paciente en este proceso de reacondicionamiento saludable.

La pregunta básica de este modelo no es: ¿por qué? sino "¿CÓMO?". Esto es, cómo conseguir el objetivo buscado.

Esta escuela tiene también ventajas y desventajas: la primera de las ventajas es la increíble efectividad de la técnica, y la segunda, la rapidez del proceso (algunos neoconductistas estadunidenses, hablan hoy de terapias que insumen entre una y cinco consultas). La desventaja más obvia es que para mí el abordaje es superficial; el paciente nunca termina de conocerse ni de descubrir sus propios recursos y queda, por lo tanto, ligado a resolver solamente la situación de consulta y en estrecha dependencia de su terapeuta. Lo que no tendría nada de malo, pero no alcanza para el imprescindible contacto con uno mismo.

La tercera línea es, desde el punto de vista histórico, la más nueva de las tres. Está integrada por todas aquellas escuelas psicoterapéuticas que focalizan su tarea en el presente.

Desde el punto de vista general, partimos de la idea de no investigar el origen de los sufrimientos ni elegir conductas para saltear ese sufrimiento; más bien la tarea se centra en establecer qué está pasando con esta peculiar persona que está en consulta y para qué está ella en esta situación.

Tú sabes que ésta es la línea que yo elijo para trabajar y por ello es obvio que creo que es la mejor. No obstante lo cual, reconozco que también este camino tiene desventajas (...y hasta ventajas): comparativamente, no son terapias tan largas como el psicoanálisis ni tan cortas como las neoconductistas; una terapia de este modelo transcurrirá en un lapso de seis meses a dos años. Sin tener la profundidad ortodoxa, generan —a mi criterio— una buena dosis de autoconocimiento y un buen nivel de manejo de los recursos propios.

Por otro lado, si bien es capaz de fertilizar el proceso de mejor contacto con la realidad actual, anida el peligro de promover en los pacientes, aunque sea por un rato, la idea de una filosofía de vida indolente y liviana, una postura de "vivir el momento" que no tiene nada que ver con el "presente" que estas escuelas plantean, el que por supuesto admite y requiere muchas veces de la experiencia y de los proyectos de vida.

Hay un viejísimo chiste que quizá sirva para ejemplificar estas tres líneas. La situación del chiste es muy burdamente la misma y voy a contarte tres finales diferentes para darme el lujo de burlarme por un ratito de estas tres líneas de pensamiento:

Situación base (común a los tres):

Un tipo tiene encopresis (en buen romance: se caga encima). Consulta a su médico que, luego de exámenes e investigaciones, le recomienda (no habiendo encontrado base orgánica) consultar con un psicoterapeuta.

Final alternativo uno.

(El terapeuta consultado fue un psicoanalista ortodoxo.)

Cinco años después, el tipo se encuentra con un amigo:

–¿Cómo te va con tu terapia?

–¡Muy bien! —contesta el otro, eufórico.

–¿Ya no te cagas más encima?

–Mira, cagar me sigo cagando, ¡pero ahora ya sé por qué me cago!

Final alternativo dos.

(El terapeuta consultado fue un conductista.)

Cinco días después, el tipo se encuentra con un amigo:

–¿Cómo te va con tu terapia?

–¡Muy bien! —contesta el otro, eufórico.

–¿Ya no te cagas más encima?

–Mira, cagar me sigo cagando, pero ahora uso calzón de hule.

Final alternativo tres.

(El terapeuta consultado fue un gestáltico.)

Cinco meses después, el tipo se encuentra con un amigo:

–¿Cómo te va con tu terapia?

–¡Muy bien! —contesta el otro, eufórico.

–¿Ya no te cagas más encima?

–Mira, cagar me sigo cagando, ¡pero ahora no me importa!

–Pero ese planteamiento me parece demasiado apocalíptico —quise defender yo.

–Es posible, pero en todo caso este apocalipsis es real. Tan real como que tu sesión terminó.

...¡Hacía mucho que no puteaba tanto a alguien!

El tesoro enterrado

La sesión anterior me había dejado inquieto, por no decir preocupado. Este tema de que el pobre señor se seguía cagando encima, sin que importe en manos de qué terapeuta cayera, me obligó a replantearme mi propia decisión de hacer terapia: después de todo, yo no quería seguir en terapia ni para llegar a entender por qué, ni para usar calzón de hule, ni para que dejara de importarme. Así que, si esto era lo que se podía obtener de esta inversión de tiempo y dinero, había llegado la hora de partir.

–...Entonces, gordo, ya no es un problema de escuelas terapéuticas. Ahora mi planteamiento es: ¿para qué c... estoy aquí?

–Lamentablemente, esa respuesta no la tengo yo, esa respuesta la tienes tú.

–Estoy confundido, muy confundido. Hasta la sesión pasada, yo estaba seguro de la utilidad de la psicoterapia; yo era uno de esos tipos que mandan a un terapeuta a todos sus amigos. Pero de repente, en la sesión pasada mi propio terapeuta me dice que un tipo que llega cagándose encima, cojeando, deprimido, o loco, se va tan cagado, rengo, triste y delirado como llegó... No entiendo... Esto es muy confuso...

–Nada sale de oponerse a la confusión, te molesta la situación por el prejuicio de que deberías tenerlo
claro, no deberías estar confuso, deberías tener todas
las respuestas, deberías... deberías... Relájate, Demi,
como ya te dije, en Gestalt el único "deberías" es: deberías saber que NO "deberías" nada en absoluto.

–Es verdad, incluso sin "deberías" hay respuestas
que necesito y no las tengo.

–¿Te cuento un cuento?

Ese día más que otros, abrí mis oídos. Yo sabía
que un relato de Jorge, una parábola y hasta un chiste
me habían ayudado antes a encontrar la claridad en la
confusión.

Había una vez en la ciudad de Cracovia, un anciano
piadoso y solidario que se llamaba Izy. Durante varias noches, Izy soñó que viajaba a Praga y llegaba hasta
un puente sobre un río; soñó que a un costado del río y
debajo del puente se hallaba un frondoso árbol. Soñó
que él mismo cavaba un pozo al lado del árbol y que de
ese pozo sacaba un tesoro que le traía bienestar y tran-
quilidad para toda su vida.

Al principio Izy no le dio importancia, pero después de repetirse el sueño durante varias semanas, in-
terpretó que era un mensaje y decidió que él no podía
desoir esta información que le llegaba de Dios o no se
sabía de dónde, mientras dormía.

Así que, fiel a su intuición, cargó su mula para una
larga travesía y partió hacia Praga.

Después de seis días de marcha, el anciano llegó a

Praga y se dedicó a buscar, en las afueras de la ciudad, el puente sobre el río.

No había muchos ríos, ni muchos puentes. Así que rápidamente encontró el lugar que buscaba. Todo era igual que en su sueño: el río, el puente y a un costado del río, el árbol debajo del cual debía cavar.

Sólo había un detalle que en el sueño no había aparecido: el puente era custodiado día y noche por un soldado de la guardia imperial.

Izy no se animaba a cavar mientras estuviera allí el soldado, así que acampó cerca del puente y esperó. A la segunda noche el soldado empezó a sospechar de ese hombre cerca de SU puente, así que se aproximó para interrogarlo.

El viejo no encontró razón para mentirle. Por eso le contó que venía viajando desde una ciudad muy lejana, porque había soñado que en Praga debajo de un puente como éste, había un tesoro enterrado.

El guardia empezó a reirse a carcajadas:

–Mira que has viajado mucho por una estupidez —le dijo el guardia. Hace tres años que yo sueño todas las noches que en la ciudad de Cracovia, debajo de la cocina de la casa de un viejo loco, de nombre Izy, hay un tesoro enterrado. Ja... Ja... mira si yo debiera irme a Cracovia para buscar a este Izy y cavar debajo de su cocina... Ja... Ja... Ja.

Izy agradeció humildemente al guardia y regresó a su casa.

Al llegar, cavó un pozo debajo de su propia cocina y sacó el tesoro que siempre había estado allí enterrado...

Después del cuento, el gordo hizo un larguísimo silencio, hasta que sonó el timbre del próximo paciente. Jorge se acercó, me abrazó, me besó en la frente y me fui.

Repasé la sesión mentalmente. Al comienzo de la conversación ya el gordo me había dicho lo mismo que después, con el cuento: "La respuesta a tus preguntas no la tengo yo, sino tú".

Las respuestas las encontraría en mí. No en Jorge, no en los libros, no en la terapia, no en mis amigos... en mí... sólo en mí...

Como Izy, el tesoro buscado está aquí, en ningún otro lado más que aquí.

En ningún otro lado... me repetía una y otra vez... en ningún otro lado...

Y entonces me di cuenta: nadie podía decirme si la terapia "sirve" o no sirve. Solamente yo podía saber si "ME sirve!", y esta respuesta sería válida sólo para mí (y sólo por ahora). Yo había vivido gran parte de mi vida, ahora entendía, buscando a un otro para que me dijera qué estaba bien y qué estaba mal. Buscando a otros que me miraran, para poder verme. Buscando afuera lo que en realidad siempre estuvo adentro (debajo de mi propia cocina).

Ahora quedaba claro, la terapia es nada más que una herramienta para poder cavar en el lugar correcto y desenterrar el tesoro escondido. El terapeuta no es más que aquel soldado que, a su modo, dice una y otra vez dónde buscar y repite sin cansarse, que es estúpido buscar afuera...

La confusión había cesado y como Izy me sentí afortunado y tranquilo de saber, por fin, *que el tesoro está conmigo, que siempre lo estuvo y que es imposible perderlo.*

Por una jarra de vino

Aquélla fue una época en la que cada sesión parecía engancharse con la anterior, como si fueran los eslabones de una cadena. Yo estaba tan contento que casi no podía creer las cosas de las que solo, solito me iba dando cuenta.

Iba aprendiendo a vivir sin darme cuenta, alegre o triste, llorando o a carcajadas pero con la satisfacción de estar más cerca que antes de la paz interior, de la serenidad de espíritu, de la máxima confianza en mis propios recursos, de lo que hoy llamaría ser feliz.

Todo iba bien... pero de repente empecé a pensar que de nada servía esclarecerse, si el resto del mundo seguía viviendo en la ignorancia supina y decidido a permanecer allí. Me encontré montado en la impotencia y me empecé a enojar con ella. Y seguí.

Aun admitiendo que yo pudiera soportar esta sensación de marciano que me dejaba el hecho de sentirme diferente, de nada serviría a los otros que un tipo en el mundo... o diez... o cien tipos tuvieran algunas cosas un poco más claras...

Y ahí me acordé de mi tío Roberto. Él también, alguna vez, había comenzado terapia. Le iba bien, por lo que contaba, muy bien. Pero algunos meses después de tratarse, le dijo a su terapeuta:

—Mira, digamos que yo he recorrido diez por ciento del camino. Bien, en el transcurso de estos meses y con diez por ciento del crecimiento, se alejó de mí cincuenta por ciento de la gente que me frecuentaba. La proyección matemática aproximada dice que con treinta por ciento del camino, nueve de cada diez de mis amigos habrán huido. La verdad es que yo no creo que valga la pena estar más sano, para estar más solo en el mundo que Robinson Crusoe sin Viernes. Gracias por todo... y ¡chau!

Así llegué a terapia aquel día. Cuestionaba el hecho terapéutico, pero más cuestionaba la tarea del terapeuta. Esta vez, no la del gordo (el gordo venía con las acciones en alza), sino la de todos los terapeutas.

—¿Cuánto tiempo lleva formar un terapeuta para que sea idóneo? Mírate tú, dejemos el primario y el secundario: seis años de facultad de medicina, cinco años de especialización, tres años de cursos y aprendizaje psicoterapéutico, diez años de terapia personal, no sé cuántos de terapia didáctica y, según me contaste, no menos de diez años de labor profesional para completar tu formación teórica con la experiencia práctica... ¡Uf!, me cansé hasta de contarlo.

—No sé adónde vas, pero agrega que la formación no se termina. La formación continúa y así debe ser eternamente.

—Bueno, con más razón. Y todo eso es para atender durante toda tu vida profesional, a algunos cientos de tipos (...y esto porque trabajas en terapias cortas, si no, debería decir ayudar a una veintena de tipos...).

No tiene sentido, gordo, desde el punto de vista social, tu profesión no tiene sentido.

–Algunos de estos "largos años de estudio y preparación", como tú dices, los dediqué a leer cuentos que otros escribieron o a escuchar relatos que la tradición recogió de la sabiduría popular... Y uno de estos cuentos es éste, que me parece podría servir para algo ahora:

Había una vez... otro rey.

Éste era el monarca de un pequeño país: el principado de Uvilandia. Su reino estaba lleno de viñedos y todos sus súbditos se dedicaban a la fabricación de vino. Con la exportación a otros países, las quince mil familias que habitaban Uvilandia ganaban suficiente dinero como para vivir bastante bien, pagar los impuestos y darse algunos lujos.

Hacía ya varios años que el rey estudiaba las finanzas del reino. El monarca era justo y comprensivo, y no le gustaba la sensación de meterle la mano en los bolsillos a los habitantes de Uvilandia. Ponía gran énfasis, entonces, en estudiar alguna posibilidad de rebajar los impuestos.

Hasta que un día tuvo la gran idea. El rey decidió abolir los impuestos. Como única contribución para solventar los gastos del Estado, el rey pediría a cada uno de sus súbditos que una vez por año, en la época en que se envasaran los vinos, se acercaran a los jardines del palacio con una jarra de un litro del mejor vino de su cosecha. Lo vaciarían en un gran tonel que se construiría para entonces, para ese fin y en esa fecha.

De la venta de esos quince mil litros de vino se obtendría el dinero necesario para el presupuesto de la corona, los gastos de salud y de educación del pueblo.

La noticia fue desparramada por el reino en bandos y pegada en carteles en las principales calles de las ciudades. La alegría de la gente fue indescriptible. En todas las casas se alabó al rey y se cantaron canciones en su honor.

En cada taberna se levantaron las copas y se brindó por la salud y la prolongada vida del buen rey.

Y llegó el día de la contribución. Toda esa semana en los barrios y en los mercados, en las plazas y en las iglesias, los habitantes se recordaban y recomendaban unos a otros no faltar a la cita. La conciencia cívica era la justa retribución al gesto del soberano.

Desde temprano, empezaron a llegar de todo el reino las familias enteras de los viñateros con su jarra, en la mano del jefe de familia. Uno por uno subía la larga escalera hasta el tope del enorme tonel real, vaciaba su jarra y bajaba por otra escalera, al pie de la cual, el tesorero del reino colocaba en la solapa de cada campesino un escudo con el sello del rey.

A media tarde, cuando el último de los campesinos vació su jarra, se supo que nadie había faltado. El enorme barril de quince mil litros estaba lleno. Del primero al último de los súbditos habían pasado a tiempo por los jardines y vaciado sus jarras en el tonel.

El rey estaba orgulloso y satisfecho; y al caer el sol, cuando el pueblo se reunió en la plaza frente al palacio, el monarca salió a su balcón aclamado por su gente. Todos estaban felices. En una hermosa copa de cristal, herencia de sus ancestros, el rey mandó a buscar una muestra del vino recogido. Con la copa en camino, el soberano les habló y les dijo:

–Maravilloso pueblo de Uvilandia: tal como lo imaginé, todos los habitantes del reino han estado hoy en el palacio. Quiero compartir con ustedes la alegría de la corona, por confirmar que la lealtad del pueblo con su rey, es igual que la lealtad del rey con su pueblo. Y no se me ocurre mejor homenaje que brindar por ustedes con la primera copa de este vino, que será sin duda un néctar de dioses, la suma de las mejores uvas del mundo, elaboradas por las mejores manos del mundo y regadas con el mayor bien del reino, el amor de un pueblo.

Todos lloraban y vivaban al rey.

Uno de los sirvientes acercó la copa al rey y éste la levantó para brindar por el pueblo que aplaudía eufórico... pero la sorpresa detuvo su mano en el aire, el rey notó al levantar el vaso que el líquido era transparente e incoloro; lentamente lo acercó a su nariz, entrenada para oler los mejores vinos, y confirmó que no tenía olor ninguno. Catador como era, llevó la copa a su boca casi automáticamente y bebió un sorbo.

¡El vino no tenía gusto a vino, ni a ninguna otra cosa...!

El rey mandó a buscar una segunda copa del vino del tonel, y luego otra y por último a tomar una muestra desde el borde superior. Pero no tuvo caso, todo era igual: inodoro, incoloro e insípido.

Fueron llamados con urgencia los alquimistas del reino para analizar la composición del vino. La conclusión fue unánime: el tonel estaba lleno de agua, purísima agua y ciento por ciento agua.

Enseguida el monarca mandó reunir a todos los sabios y magos del reino, para que buscaran con urgencia una explicación para este misterio. ¿Qué conjuro, reacción química o hechizo había sucedido para que esa mezcla de vinos se transformara en agua...?

El más anciano de sus ministros de gobierno se acercó y le dijo al oído:

–¿Milagro? ¿Conjuro? ¿Alquimia? Nada de eso, muchacho, nada de eso. Vuestros súbditos son humanos, majestad, eso es todo.

–No entiendo —dijo el rey.

–Tomemos por caso a Juan. Juan tiene un enorme viñedo que abarca desde el monte hasta el río. Las uvas que cosecha son de las mejores cepas del reino y su vino es el primero en venderse y al mejor precio.

Esta mañana, cuando se preparaba con su familia para bajar al pueblo, una idea le pasó por la cabeza... ¿Y si yo pusiera agua en lugar de vino, quién podría notar la diferencia...?

Una sola jarra de agua en quince mil litros de vino... nadie notaría la diferencia... ¡Nadie!

...Y nadie lo hubiera notado, salvo por un detalle, muchacho, salvo por un detalle: ¡TODOS PENSARON LO MISMO!

Solos y acompañados

¿Cómo hacía Jorge para calcular el tiempo exacto de la sesión, para que terminara justo en el final de un cuento? ¿Cómo hacía para dejarme colgando de una idea toda la semana?

A veces esto me parecía maravilloso, yo tenía siete largos días para pensar acerca del relato, darle mi propia interpretación y bucear en la utilidad que yo podría obtener de ese cuento.

Otras veces me parecía odiosísimo no poder sacarle el jugo que yo intuía estaba en la historia, pero que yo no conseguía extraer.

También había veces donde me portaba estúpidamente. Saliendo del consultorio trataba todo el tiempo de descubrir qué me había querido decir el gordo con ese relato... La secuencia posterior era inevitable: yo llegaba a la sesión para "revisar" con Jorge mi "adivinación", y el gordo como era de prever... se ponía furioso.

–¿Qué m... te importa lo que yo te quise decir? Lo importante es para qué te sirvió a ti, si es que te sirvió. Esto no es una clase en el colegio y yo no soy el que califica si descubriste o no, lo que quería decir tal o cual cosa. ¡Carajo! Lo que yo quise decir con lo que dije ES lo que dije; si hubiera querido decir otra cosa seguramente lo que hubiera dicho sería esa otra cosa.

Cuando haces esto, Demián, el relato sólo te sirve para poner a prueba tu ego, para alimentar tu vanidad. "Je, yo lo descubrí... Je, yo me di cuenta... Je, yo pude encontrar el mensaje del cuento... Je, yo soy un idiota."

Con la historia del vino convertido en agua, me pasaron un montón de cosas. La primera fue darme cuenta, casi con alivio, que mi planteamiento estaba equivocado. Que en realidad la tarea terapéutica no terminaba en mí, ni en ningún otro paciente. Para usar palabras, que mucho después le escuché decir al gordo, *cada tipo que crece podría ser un repetidor, un pequeño maestro, el desencadenante de una reacción en cadena que en sí misma es capaz de cambiar el mundo.*

Y cuando estaba por ahí, apareció mi segundo darme cuenta: cuántas veces yo y otros como yo, no nos animamos a hacer algo pensando que es inútil, que nada puede hacerse, porque ¿quién notaría la diferencia si yo actuara así? (como en el cuento...)

Si yo actuara así... y quizá, aunque fuera uno más se animaría pensando como yo, a sumarse y actuar así, o quizá más humildemente podría ser que alguien notara la actitud diferente y registrara, entonces, que existe otra posibilidad. Si yo actuara así, distinto que todos los días, diferente de los demás, quizá, con el tiempo, todas las cosas cambiarían.

Y me di cuenta, de que esto pasa todos los días: que la gente no paga impuestos porque ¿cuál es la diferencia?

Que la gente no es amable porque ¿quién se va a dar cuenta?

Que la gente no es considerada porque nadie quiere ser el único idiota.

Que la gente no se divierte porque es ridículo reirse solo.

Que la gente no empieza a bailar en las fiestas hasta que otros no lo hacen antes.

...Que no somos más estúpidos porque no tenemos tiempo.

Si yo consiguiera ser fiel a mí mismo, fiel de verdad y continuamente, cuánto más amable, cordial, generoso y gentil sería.

De todo esto venía hablando con Jorge en aquella época, y a medida que hablaba y pensaba en esto, aparecía una y otra vez, sin que yo saliera a buscarla, la idea de quedarme solo; solo y señalado por el dedo ridiculizador de los otros...

...O peor aún, sin siquiera ese dedo ridiculizador...

–Hace algunos años —empezó el gordo— escribí un ensayo que empezaba con esta frase: "EL CANAL DE PARTO Y EL ATAÚD, SON DOS LUGARES DISEÑADOS SÓLO PARA UN CUERPO...".

...Y esto, Demi, quiere señalar —para mí—, que nacemos solos y morimos solos. Esta idea, esta (yo creo) terrible idea, es quizá la más dura de las cosas de las que yo mismo me di cuenta en mi propio proceso de crecimiento.

Pero también descubrí, por suerte, que existen los compañeros de ruta: compañeros para un ratito, compañeros para un tiempito más largo y también existen

85

los amigos, los amores, los hermanos: compañeros para toda la vida.

—Sabes, gordo, me hace recordar aquello que leí alguna vez sobre la pareja: no camines delante de mí porque podría no seguirte, ni camines detrás de mí, podría perderte. No camines debajo de mí porque podría pisarte, ni camines encima de mí porque podría sentir que me pesas. Camina a mi lado, porque somos pares.

—Claro, Demi, es eso mismo. Este darse cuenta de que nadie puede recorrer por ti tu camino, es fundamental. Tanto, como saber que el camino es más nutritivo si se recorre en compañía.

Darme cuenta de quién soy y saberme único, diferente y separado del mundo por el límite de mi piel, no necesariamente quiere decir aislado, ni desolado, ni siquiera autosuficiente.

—Entonces, ¿no se puede vivir sin los otros?

—Depende de lo que tú creas que es vivir en cada momento y de quiénes son los otros, en cada momento.

Aquel señor había viajado mucho. A lo largo de su vida, había visitado cientos de países reales e imaginarios...

Uno de los viajes que más recordaba era su corta visita al País de las Cucharas Largas. Había llegado a la frontera por casualidad: en el camino de Uvilandia a Parais, había un pequeño desvío hacia el mencionado país; y explorador como era, tomó el desvío. El sinuoso camino terminaba en una sola casa enorme. Al acercarse, notó que la mansión parecía dividida en dos pabellones: un ala oeste y un ala este. Estacionó el auto y se acercó a la casa. En la puerta, un cartel anunciaba:

PAÍS DE LAS CUCHARAS LARGAS

"ESTE PEQUEÑO PAÍS CONSTA SÓLO DE DOS HABI-TACIONES LLAMADAS *NEGRA* Y *BLANCA*. PARA RE-CORRERLO, DEBE AVANZAR POR EL PASILLO HASTA QUE ÉSTE SE DIVIDE Y DOBLAR A LA DERECHA SI QUIERE VISITAR LA HABITACIÓN *NEGRA*, O A LA IZ-QUIERDA SI LO QUE QUIERE ES VISITAR LA HABI-TACIÓN *BLANCA*."

El hombre avanzó por el pasillo y el azar lo hizo doblar primero a la derecha. Un nuevo corredor de unos cincuenta metros terminaba en una puerta enor-me. Desde los primeros pasos por el pasillo, empezó a escuchar los "ayes" y quejidos que venían de la habita-ción negra.

Por un momento las exclamaciones de dolor y su-frimiento lo hicieron dudar, pero siguió adelante. Llegó a la puerta, la abrió y entró.

Sentados alrededor de una mesa enorme, había cientos de personas. En el centro de la mesa estaban los manjares más exquisitos que cualquiera podría imagi-nar y aunque todos tenían una cuchara con la cual al-canzaban el plato central... se estaban muriendo de hambre. El motivo era que las cucharas tenían el doble del largo de su brazo y estaban fijadas a sus manos. De ese modo todos podían servirse, pero nadie podía lle-varse el alimento a la boca.

La situación era tan desesperante y los gritos tan

desgarradores, que el hombre dio media vuelta y salió casi huyendo del salón.

Volvió al hall central y tomó el pasillo de la izquierda, que iba a la habitación blanca. Un corredor igual al otro terminaba en una puerta similar. La única diferencia era que, en el camino, no había quejidos, ni lamentos. Al llegar a la puerta, el explorador giró el picaporte y entró en el cuarto.

Cientos de personas estaban también sentados en una mesa igual a la de la habitación negra. También en el centro había manjares exquisitos. También cada persona tenía una larga cuchara fijada a su mano...

Pero nadie se quejaba ni lamentaba. Nadie estaba muriendo de hambre, porque todos... ¡se daban de comer unos a otros!

El hombre sonrió, se dio media vuelta y salió de la habitación blanca. Cuando escuchó el "clic" de la puerta que se cerraba se encontró de pronto y misteriosamente, en su propio auto, manejando camino a Parais...

La esposa sorda

Apenas me senté, empecé a hablar. Tenía ese día un tema muy claro sobre el que quería trabajar. Mis discusiones con mi pareja.

–Me parece que Gaby está de la nuca.

–De la ¿qué?

–De la nuca, chiflada, loca como una zapatilla...

–¿Por...?

–Estuvimos discutiendo toda la semana por el tema de las vacaciones. Resulta que Gabriela quiere que vayamos todo el mes a Punta del Este con sus padres, que nos invitaron; y yo no quiero ir porque me gustaría que nos fuéramos a Mar del Plata, con un grupo de amigos del club. Yo sé que a ella le gustaría mucho más el proyecto de Mardel, pero está emperrada en lo de Punta. Y si hay algo que a mí me pone loco es cuando Gaby se emperra. Más la veo así y más tozudo me pongo yo. Hasta que llega un momento en que no puedo hablar más con ella, porque siento que es absolutamente incapaz de abrir su cabeza y escuchar otras opiniones.

–¿Y por qué ella prefiere ir a Punta del Este?

–Por nada, es un capricho.

–Pero ella no dice que es un capricho, ¿o sí?

–No, ella dice que quiere ir a Punta.

–¿Y tú no le preguntaste por qué?

–Sí, claro que le pregunté, pero ni sé qué tontería me contestó.

–Dime, Demi, si no sabes qué te contestó, ¿cómo puedes decir que es una tontería?

–Porque cuando Gabriela se encapricha, dice cualquier cosa y no escucha razones. Descalifica todo lo que el otro dice y lo único que atiende son sus propios argumentos.

–Descalifica tus argumentos.

–Sí.

–Dice, por ejemplo, que lo tuyo son estupideces, o que eres un cabeza dura...

–Eso.

–O que eres un caprichoso.

–Sí, también, ¿cómo sab...?

–Ayer me contaron un chiste:

Un tipo llama al médico de cabecera de la familia:

–Ricardo, soy yo: Julián.

–Ah, ¿qué dices, Julián?

–Mira, te llamo preocupado por María.

–Pero ¿qué pasa?

–Se está quedando sorda.

–¿Cómo que se está quedando sorda?

–Pues sí, oye, necesito que la vengas a ver.

–Bueno, la sordera en general no es una cosa repentina ni aguda, así que el lunes tráemela al consultorio y la reviso.

–Pero ¿te parece bien esperar hasta el lunes?

–¿Cómo te diste cuenta de que no oye?

–Pues... porque la llamo y no contesta.

–Mira, puede ser una tontería como un tapón en la oreja. A ver, hagamos una cosa: vamos a detectar el nivel de la sordera de María: ¿dónde estás tú?

–En el dormitorio.

–Y ella ¿dónde está?

–En la cocina.

–Bueno, llámala desde ahí.

–MARÍAAA... No, no escucha.

–Bueno, acércate a la puerta del dormitorio y grítale por el pasillo.

–MARÍÍÍAAA... No, no hay respuesta.

–Espera, no te desesperes. Toma el teléfono inalámbrico y acércate por el pasillo llamándola para ver cuándo te escucha.

–MARÍAA, MARÍÍAAA, MARÍÍÍAAAA... No hay respuesta, doc. Estoy parado en la puerta de la cocina y la veo, está de espaldas lavando los platos, pero no me escucha. MARÍÍÍAAA... No hay respuesta.

–Acércate más.

El tipo entra en la cocina, se acerca a María, le pone una mano en el hombro y le grita en la oreja: ¡MARÍÍÍAAAA!

La esposa furiosa se da vuelta y le dice:

–¿Qué quieres?, ¡¿QUÉ QUIERES, QUÉ QUIEREEEES?!, ya me llamaste como diez veces y diez veces te contesté ¿QUÉ QUIERES?... Tú cada día estás más sordo, no sé por qué no consultas al médico de una vez....

–Esto es la proyección, Demián, cada vez que veo algo que me molesta en otra persona, sería bueno recordar que eso que veo, por lo menos (¡por lo menos!) también es mío.

Bueno, sigamos con lo tuyo... ¿qué me decías de los caprichos de Gabriela?...

¡No mezclar!

–Gabriela siempre se está quejando de que yo no le presento a mis amigos. Todo el tiempo quiere conocer a los muchachos y las muchachas de la facultad. ¡Me tiene harto!

–¿Y tú le presentas a la gente de la facultad?

–Yo no la oculto. Si nos cruzamos con alguien en la calle o en una fiesta yo la presento, pero lo que ella quisiera es entrar en mi mundo de relaciones.

–Que es, si yo entiendo bien, justo justo lo que tú no quieres.

–Pues... depende...

–¿Depende de qué?

–Qué sé yo. Depende. Si la cosa se da naturalmente, está bien. Pero forzar situaciones, no.

–¿Tú me estás molestando? ¿Qué es forzar situaciones? Que haya una fiesta de la gente de la facultad, que te inviten, y que vayas con tu novia, ¿eso es forzar?

–Sí, claro que es forzar. No tiene nada que ver. Si nadie la conoce.

–Esto parece chiste, Demián. Yo tenía un primo que antes de almorzar y antes de cenar se comía un sandwich, porque decía que no podía comer nada con el estómago vacío.

–Yo no veo la relación entre el chiste y lo mío.

–No, hoy no le ves la relación a nada. Me dices que no le das lugar a Gabriela entre tus amigos, porque ni la conocen y no la conocen, porque tú no le das lugar...

–...

–¿Para qué, Demián?

–Porque son personas muy diferentes y...

–¿Para qué?

–Porque Gabriela...

–¿Para qué, Demián, para qué?

–¿Para qué?... Para no mezclar.

–¿Cómo es eso?

–Claro, yo no quiero mezclar estos dos grupos de relaciones... Y no creas que me resulta fácil. No sólo Gabriela se enoja, la verdad es que también discuto con mis compañeros de la facultad, también ellos insisten para que traiga a Gaby. Nadie entiende que quiero tener las cosas en su lugar: una cosa es una cosa y otra cosa es otra cosa.

–Pero dime, esta cosa y esta otra cosa y las otras cosas diferentes de estas cosas, ¿no están acaso anidando todas dentro de ti?

–Sí, dentro, sí. Pero fuera no las quiero mezclar.

–¿Para qué quieres que no se mezclen?

–No sé, gordo, pero no quiero mezclarlas.

–No es la primera vez que haces esto, ¿verdad?

–¿Cómo que no es la primera vez?

–Claro, ya otras veces me has contado que te ocupas de no mezclar.

–Ah, sí, creo que te hablé alguna vez de no mezclar a mi familia con mis amigos, la gente del club con la de la facultad, y no sé cuál otra.

–Yo siento que intentar preservar lugares privados que te pertenecen debe ser útil, es cierto. Pero también creo que encasillar los hechos y a las personas de tu vida para que nunca se crucen, es demasiado fatigoso y, a veces, yo diría peligroso.

–¿Por qué peligroso?

–Porque me parece que poniendo barreras y límites, los otros empiezan a dudar de sus propios lugares y reclaman que les des la posibilidad de compartir contigo tus cosas, sobre todo las que se ve que son importantes.

–Ése es su problema, no el mío.

–No te pongas rígido. Será su problema, pero tú eres el que tiene que saber que el otro se queda resentido, se siente excluido y despreciado. Éste es el riesgo. Quizá terminas hiriendo al otro y "por no mezclar", arruinas tu relación con ellos, por poner vallas.

–Creo que lo hago sólo con mis grupos de amigos, porque son totalmente separados...

–Demi, algunos meses después de empezar terapia conmigo, llegaste de la facultad, te habías quedado sin dinero y no querías pedirle a tus padres. ¿Te acuerdas? Yo, naturalmente, te ofrecí prestarte hasta el mes siguiente, o hasta cuando tuvieras. ¿Sí?

–Sí.

–¿Y te acuerdas qué pasó?

–Sí, no la quise aceptar.

–¿Te acuerdas de tus argumentos?

–No, no sé.

–Me dijiste que te sorprendía, que me agradecías pero que "no querías mezclar". ¿No te suena esa frase?

–Bueno, pero tú no te sentiste ni despreciado, ni excluido, ni no sé qué...

–¿Estás seguro?

–...Casi.

–Mientes. No estás seguro ni un poquito.

–Mira, contigo, no estoy seguro ni de cómo me llamo.

–Te puedo asegurar, Demi, que a veces no importa cuán claro tengas las cosas. Cuando tú ofreces ayuda de corazón al otro y el otro la rechaza porque es estúpido, orgulloso o simplemente porque sí, no tienes ganas de festejar; la primera sensación es de mandarlo a la mierda.

–Es verdad. Entiendo.

–Para variar te voy a contar un cuento:

Había una vez un señor que tenía un sirviente bastante tonto. El señor no era tan mezquino como para correrlo, ni tan generoso como para mantenerlo sin que hiciera nada (¡que es lo mejor que se puede hacer con un tonto!). El caso es que el señor trataba de darle tareas sencillas para que el tonto "sirviera para algo". Un día lo llamó y le dijo:

–Ve hasta el almacén y compra una medida de harina y una medida de azúcar. La harina es para pan y el azúcar para dulce, así que: que no se mezclen. ¿Me escuchaste? *¡Que no se mezclen!*

El sirviente hizo esfuerzos por retener la orden: una medida de harina, una medida de azúcar y que no se mezclen... *Que no se mezclen.* Tomó una bandeja y partió al almacén.

Camino al almacén repetía para sus adentros "una medida de harina y una medida de azúcar pero que no se mezclen!".

Llegó al almacén:

–Una medida de harina, señor.

El almacenero metió el jarro de la medida en la harina y la sacó colmada. El sirviente acercó la bandeja y el almacenero vació el jarro sobre la bandeja.

–Y una medida de azúcar —dijo el comprador.

Otra vez el almacenero tomó una medida, la introdujo en el gran cajón y la sacó, esta vez llena de azúcar.

–¡Que no se mezclen! —dijo el sirviente.

–Y entonces ¿dónde pongo el azúcar? —preguntó el almacenero.

El otro pensó un rato, y mientras pensaba (cosa que buen trabajo le costaba), pasó la mano por el lado de abajo de la bandeja "dándose cuenta de que estaba vacío" (?), así que en una rápida decisión, dijo:

–Acá —y dio vuelta la bandeja derramando, por supuesto, la harina.

El sirviente dio media vuelta y volvió contento a la casa: una medida de harina, una de azúcar y que no se mezclen.

Cuando llegó el señor de la casa lo vio entrar con la bandeja de azúcar, le preguntó:

–¿Y la harina?

–¡Que no se mezclen! —contestó el tonto. ¡Está acá!

...y en un rápido movimiento, dio vuelta a la bandeja... derramando también el azúcar...

Las alas son para volar

Ese día, Jorge me esperaba con un cuento:

... **Y** cuando se hizo grande, su padre le dijo:

–Hijo mío, no todos nacen con alas. Y si bien es cierto que no tienes obligación de volar, me parece que sería penoso que te limitaras a caminar, teniendo las alas que el buen Dios te ha dado.

–Pero yo no sé volar —contestó el hijo.

–Es verdad... —dijo el padre y caminando lo llevó hasta el borde del abismo en la montaña.

–Ves, hijo, éste es el vacío. Cuando quieras volar vas a pararte aquí, vas a tomar aire, vas a saltar al abismo y extendiendo las alas, volarás.

El hijo dudó:

–¿Y si me caigo?

–Aunque te caigas no morirás, sólo algunos moretones que te harán más fuerte para el siguiente intento —contestó el padre.

El hijo volvió al pueblo, a sus amigos, a sus pares, a sus compañeros con los que había caminado toda su vida.

Los más pequeños de mente le dijeron:

–¿Estás loco? ¿Para qué? Tu padre está medio zafado... ¿Qué vas a buscar volando? ¿Por qué no te dejas de tonterías? ¿Quién necesita volar?

Los más amigos le aconsejaron:

–¿Y si fuera cierto? ¿No será peligroso? ¿Por qué no empiezas despacio? Prueba tirarte desde una escalera o desde la copa de un árbol, pero... ¿desde la cima?

El joven escuchó el consejo de quienes lo querían. Subió a la copa de un árbol y, con coraje, saltó... Desplegó las alas, las agitó en el aire con todas sus fuerzas pero de todas maneras se precipitó a tierra...

Con un gran chichón en la frente, se cruzó con su padre:

–¡Me mentiste! No puedo volar. Probé y ¡mira el golpe que me di! No soy como tú. Mis alas sólo son de adorno.

–Hijo mío —dijo el padre—, para volar, hay que crear el espacio de aire libre necesario para que las alas se desplieguen. Es como para tirarse en un paracaídas, necesitas cierta altura antes de saltar.

Para volar hay que empezar corriendo riesgos.

Si no quieres, quizá lo mejor sea resignarse y seguir caminando para siempre.

¿Quién eres?

Había estado trabajando muy duro conmigo mismo. Guiado por mi terapeuta y alentado por mi deseo de descubrir todo sobre mi persona, me pasaba gran parte de mi tiempo libre meditando sobre los hechos de mi vida, mis sentimientos actuales o antiguos, mis recuerdos y cómo había aprendido de Jorge en ese "darse cuenta" que cada vez me sorprendía más.

Pero no todas eran rosas. Alguna de las ideas que habitaban mi mente y, sobre todo, algunas emociones que me desbordaban me dejaban triste y derrumbado.

Así fui al consultorio el día que Jorge me leyó su versión del cuento de Giovanni Papini: "¿Quién eres?".

Por aquel entonces yo me quejaba de la gente. No sabía qué pasaba, pero me parecía que los demás no eran confiables; yo no sabía si era yo el que hacía siempre malas elecciones de las compañías, o la gente era diferente de lo que yo esperaba...

El caso es que siempre me sorprendía esperando a alguien que nunca llegaba, o cancelando programas a último momento porque alguien no había previsto no sé qué, o las más de las veces esperando eternamente en lugares de cita a amigos que por ninguna razón estaban dispuestos a llegar a la hora pactada...

Y éste es el cuento que mi terapeuta me leyó:

Aquel día Sinclair se levantó como siempre a las siete de la mañana. Como todos los días, arrastró sus pantuflas hasta el baño y después de bañarse se rasuró y se perfumó. Se vistió con ropa bastante a la moda, como era su costumbre y bajó a la entrada a buscar su correspondencia. Allí se encontró con la primera sorpresa del día: ¡no había cartas!

Durante los últimos años su correspondencia había ido en aumento y era una parte importante de su contacto con el mundo. Un poco malhumorado por la noticia de la ausencia de noticias, apuró su habitual desayuno de leche y cereal (como recomendaban los médicos), y salió a la calle.

Todo estaba como siempre: los mismos vehículos de siempre transitaban las mismas calles y producían los mismos sonidos en la ciudad, que se quejaba igual que todos los días. Al cruzar la plaza casi tropezó con el profesor Exer, un viejo conocido con quien solía charlar largas horas sobre inútiles planteamientos metafísicos. Lo saludó con un gesto, pero el profesor pareció no reconocerlo; lo llamó por su nombre pero ya se había alejado y Sinclair pensó que no había alcanzado a escucharlo. El día había empezado mal y parecía que empeoraba con las posibilidades de aburrimiento que flotaban en su ánimo. Decidió volver a casa, a la lectura y la investigación, para esperar las cartas que con seguridad llegarían aumentadas para compensar las no recibidas antes.

Esa noche, el hombre no durmió bien y se despertó muy temprano. Bajó y mientras desayunaba comenzó a espiar por la ventana para esperar la llegada del cartero. Por fin lo vio doblar la esquina, su corazón dio un salto. Sin embargo, el cartero pasó frente a su casa sin detenerse. Sinclair salió y llamó al cartero para confirmar que no había cartas para él. El empleado le aseguró que nada había en su bolsa para ese domicilio y le confirmó que no había ninguna huelga de correos, ni problemas en la distribución de cartas de la ciudad.

Lejos de tranquilizarlo, esto lo preocupó más todavía. Algo estaba pasando y él debía averiguarlo. Buscó un saco y se dirigió a casa de su amigo Mario.

Apenas llegó, se hizo anunciar por el mayordomo y esperó en la sala de estar a su amigo, que no tardó en aparecer. El hombre avanzó al encuentro del dueño de casa con los brazos extendidos, pero éste se limitó a preguntar:

–Perdón, señor, ¿nos conocemos?

El hombre creyó que era una broma y rio forzadamente presionando al otro a servirle una copa. El resultado fue terrible: el dueño de casa llamó al mayordomo y le ordenó echar a la calle al extraño, que ante tal situación se descontroló y comenzó a gritar y a insultar, como avalando la violencia del fornido empleado que lo empujó a la calle...

Camino a su casa, se cruzó con otros vecinos que lo ignoraron o actuaron con él como si fuera un extraño.

Una idea se había apoderado del hombre: había una confabulación en su contra, y él había cometido una extraña falta hacia aquella sociedad, dado que ahora lo rechazaba tanto como algunas horas antes lo valoraba. No obstante, por más que pensaba, no podía recordar ningún hecho que pudiera haber sido tomado como ofensa y menos aún, alguno que involucrara a toda una ciudad.

Durante dos días más, se quedó en su casa esperando correspondencia que no llegó o la visita de alguno de sus amigos que, extrañado por su ausencia, tocara su puerta para saber de él; pero no tuvo caso, nadie se acercó a su casa. La señora de la limpieza faltó sin aviso y el teléfono dejó de funcionar.

Entonado por una copita de más, la quinta noche Sinclair se decidió a ir al bar donde se reunía siempre con sus amigos, para comentar las tonterías cotidianas. Apenas entró, los vio como siempre en la mesa del rincón que solían elegir. El gordo Hans contaba el mismo viejo chiste de siempre y todos lo festejaban como era costumbre. El hombre acercó una silla y se sentó. De inmediato se hizo un lapidario silencio, que marcaba la indeseabilidad del recién llegado. Sinclair no aguantó más:

–¿Se puede saber qué les pasa a todos conmigo? Si hice algo que les molestó, díganmelo y se terminó, pero no me hagan esto que me vuelve loco...

Los otros se miraron entre sí entre divertidos y fastidiados. Uno de ellos hizo girar su índice sobre su sien, diagnosticando al recién llegado. El hombre volvió a pedir una explicación, luego rogó por ella y, por último, cayó al suelo implorando que le explicaran por qué le hacían eso a él.

Sólo uno de ellos quiso dirigirle la palabra:

–Señor: ninguno de nosotros lo conoce, así que nada nos hizo. De hecho, ni siquiera sabemos quién es usted...

Las lágrimas comenzaron a brotar de sus ojos y salió del local, arrastrando su humanidad hasta su casa. Parecía que cada uno de sus pies pesaba una tonelada.

Ya en su cuarto, se tiró en la cama. Sin saber cómo ni por qué había pasado a ser un desconocido, un ausente. Ya no existía en las agendas de sus corresponsales ni en el recuerdo de sus conocidos y menos aún en el afecto de sus amigos. Como un martilleo aparecía un pensamiento en su mente, la pregunta que otros le hacían y que él mismo se empezaba a hacer: *¿quién eres?*

¿Sabía él realmente contestar esta pregunta? Él sabía su nombre, su domicilio, el talle de su camisa, su número de documento y algunos otros datos que lo definían para los demás; pero fuera de eso: ¿quién era, verdadera, interna y profundamente? Aquellos gustos y actitudes, aquellas inclinaciones e ideas, ¿eran suyos verdaderamente?, ¿o eran como tantas otras cosas: un intento de no defraudar a otros que esperaban que él fuera el que había sido? Algo empezaba a estar claro: el ser un desconocido lo liberaba de tener que ser de una manera determinada. Fuera él como fuera, nada cambiaría en la respuesta de los demás. Por primera vez en muchos días, encontró algo que lo tranquilizó: esto lo colocaba en una situación tal, que podía actuar como se le ocurriera sin buscar ya la aprobación del mundo.

Respiró hondo y sintió el aire como si fuera nuevo, entrando en los pulmones. Se dio cuenta de la sangre que fluía por su cuerpo, percibió el latido de su corazón y se sorprendió de que por primera vez NO TEMBLABA.

Ahora que por fin sabía que estaba solo, que siempre lo había estado, ahora que sabía que sólo se tenía a sí mismo, ahora... podía reir o llorar... pero por él y no por otros.

Ahora, por fin, lo sabía: SU PROPIA EXISTENCIA NO DEPENDÍA DE OTROS.

Había descubierto que le fue necesario estar solo para poder encontrarse consigo mismo...

Se durmió tranquila y profundamente y tuvo hermosos sueños...

Despertó a las diez de la mañana, descubriendo que un rayo de sol entraba a esa hora por la ventana e iluminaba su cuarto en forma maravillosa.

Sin bañarse, bajó las escaleras tarareando una canción que nunca había escuchado y encontró debajo de su puerta una enorme cantidad de cartas dirigidas a él.

La señora de la limpieza estaba en la cocina y lo saludó como si nada hubiera sucedido.

Y por la noche en el bar, parecía que nadie había registrado aquella terrible noche de locura. Por lo menos, nadie se dignó a hacer algún comentario al respecto.

Todo había vuelto a la normalidad... salvo él, por suerte él, que nunca más tendría que pedirle a un otro que lo mirara para poder saberse... él, que nunca más tendría que rogarle al afuera que lo definiera... él, que nunca más sentiría miedo al rechazo...Todo era igual, salvo que ese hombre nunca más se olvidaría de quién era.

—Y éste es tu cuento, Demián —siguió el gordo. Cuando no tienes registro de tu dependencia frente a la mirada de los otros, vives temblando frente al posible abandono de los demás que, como todos, aprendiste a temer.

Y el precio para no temer es acatar, es ser lo que los demás, "que tanto nos quieren", nos presionan a ser, nos presionan a hacer y nos presionan a pensar.

Si tienes "la suerte" del personaje de Papini y el mundo, en algún momento, te da la espalda, no tendrás más remedio que darte cuenta de lo estéril de tu lucha.

Pero si no sucede así,
si tienes la "desdicha" de ser aceptado y halagado,
entonces...
estás abandonado a tu propia conciencia de
libertad,
estás forzado a decidir:
acatamiento o soledad;
estás atrapado entre ser lo que debes ser
o no ser nada para nadie.
Y de allí en más...
podrás ser,
pero sólo, solo y sólo para ti.

El cruce del río

–¡Tengo una bronca!...

–¿Qué te pasa?

–Pues..., que de aquí, tengo que ir a la casa de un compañero a llevarle unos apuntes que necesita... y vive en Merlo.

–Mira, Demi...

–Sí, ya sé —lo interrumpí—, me vas a decir que yo no "tengo que" nada, que lo hago porque yo quiero, que yo lo elijo y todo eso... ya lo sé.

–Seguro, tú lo eliges.

–Sí, lo elijo. Pero siento que es mi obligación.

–Muy bien. Yo no cuestiono que te sientas obligado, ni cuestiono por qué te sientes obligado. Lo que cuestiono, en todo caso, es que ni sepas por qué te sientes obligado.

–Yo sé por qué me siento obligado: Juan es un tipo fenómeno y cada vez que yo necesité algo, él estuvo ahí para ayudarme. A mí me parece que no me puedo negar.

–Mira, poder puedes. En todo caso, lo que sucede es que...

–...es que me preocupa qué pensaría Juan de mí...

–No, peor. Te preocupa qué pensarías tú de ti.

–¿Yo?... Me sentiría una basura.

–Independientemente de lo que fueras o no (si no le llevaras los apuntes), ¿no te estás sintiendo ya una basura por el solo hecho de tener bronca de ir?

–Sí, supongo que sí.

–Aquí está el problema de los sentimientos de culpa, ¿ves? La humanidad sufre y se caga la vida porque doce horas por día se siente culpable de ser como es. ...Y las otras doce horas le caga la vida a un otro diciéndole qué hay que hacer.

–¡Ah!, ahora sí que ya no sé nada.

–Quizá sea lo mejor. Quizá sin saber nada, haya más para aprender.

Estos momentos en que Jorge se ponía a mitad de camino entre filosófico e irónico, y yo no sabía si me lo decía a mí o estaba meditando en mi presencia sobre el futuro de la humanidad, estos momentos eran los más duros de soportar.

Lo hiciera por lo que lo hiciera: por él, por mí o por la ciencia, lo cierto es que aun sabiendo que más tarde todo esto me serviría, yo sentía que me quería ir. No quería más: ni terapia, ni crecimiento, ni nada. Me quería ir...

Lo único que me retenía era el recuerdo de que alguna vez lo hice y al final todo había resultado peor, me llevé la confusión conmigo y no pude hacer nada más hasta no terminar con ella.

Este cuento no me lo contó ese día, pero en cada uno de esos momentos venía a mi memoria, para recordarme la importancia de no dejar las cosas por la mitad y de los peligros de ocupar espacios en la cabeza con esas cosas no resueltas.

Había una vez dos monjes zen que caminaban por el bosque de regreso al monasterio. Cuando llegaron al río, una mujer lloraba en cuclillas cerca de la orilla. Era joven y atractiva.

–¿Qué te sucede? —le preguntó el más anciano.

–Mi madre se muere. Ella está sola en su casa, del otro lado del río y yo no puedo cruzar. Lo intenté —siguió la joven— pero la corriente me arrastra y no podré llegar nunca al otro lado sin ayuda... pensé que no la volvería a ver con vida. Pero ahora... ahora que aparecisteis vosotros, alguno de los dos podrá ayudarme a cruzar...

–Ojalá pudiéramos —se lamentó el más joven. Pero la única manera de ayudarte, sería cargarte a través del río y nuestros votos de castidad nos impiden todo contacto con el sexo opuesto. Eso está prohibido... lo siento.

–Yo también lo siento —dijo la mujer y siguió llorando.

El monje más viejo se arrodilló, bajó la cabeza y dijo:

–Sube.

La mujer no podía creerlo, pero con rapidez tomó su atadito con ropa y montó a horcajadas sobre el monje.

Con bastante dificultad el monje cruzó el río, seguido por el otro más joven.

Al llegar al otro lado, la mujer descendió y se acercó en actitud de besar las manos del anciano monje.

–Está bien, está bien —dijo el viejo retirando las manos—, sigue tu camino.

La mujer se inclinó en gratitud y humildad, tomó sus ropas y corrió por el camino al pueblo.

Los monjes, sin decir palabra, retomaron su marcha al monasterio.

...Faltaban aún diez horas de caminata.

Poco antes de llegar, el joven le dijo al anciano:

–Maestro, vos sabéis mejor que yo de nuestro voto de abstinencia. No obstante, cargaste sobre tus hombros a aquella mujer todo el ancho del río.

–Yo la llevé a través del río, es cierto, pero ¿qué pasa contigo que la cargas todavía sobre los hombros?

Regalos para el maharajá

—Mira, Demián, sería fantástico que le llevaras los apuntes a tu amigo, sería ideal que además sintieras placer al hacerlo, sería razonable que lo hicieras sin emoción alguna, pero ¿sintiendo coraje?... Yo no creo que Juan pueda aprobar esa materia ¡estudiando esos apuntes!

—¿Eso qué tiene que ver?

—Nada, es una broma, pensaba en las "malas ondas" como dicen ustedes.

—No sé por qué fastidias tanto, si yo ya dije que los iba a llevar.

—Te fastidio para que sepas cómo llegas a estas situaciones. ¿Te cuento un cuento?

Una vez un maharajá, que tenía fama de ser muy sabio, cumplía cien años. El acontecimiento fue recibido con gran alegría, ya que todos querían mucho al gobernante. En el palacio se organizó una gran fiesta para esa noche y se invitaron a poderosos señores del reino y de otros países.

El día llegó y una montaña de regalos se amontonó

en la entrada del salón, donde el maharajá iba a saludar a sus invitados.

Durante la cena, el maharajá pidió a sus sirvientes que separaran los regalos en dos grupos: los que tenían remitente y los que no se sabía quién los había enviado.

A los postres, el rey mandó traer todos los regalos en sus dos montañas. Una de cientos de grandes y costosos regalos y otra más pequeña, de una decena de presentes.

El maharajá comenzó a tomar regalo por regalo de la primera montaña y fue llamando a los que habían enviado los regalos. A cada uno lo hacía subir al trono y le decía:

—Te agradezco tu regalo, te lo devuelvo y estamos como antes —y le devolvía el regalo, no importaba cuál fuera.

Cuando terminó con esa pila, se acercó a la otra montaña de regalos y dijo:

—Estos regalos no tienen remitente. Éstos sí los voy a aceptar, porque éstos no me obligan y a mi edad, no es bueno contraer deudas.

—Cada vez que recibes algo, Demián, puede estar en tu ánimo o en el del otro, transformar este dar en una deuda. Si fuera así, sería mejor no recibir nada.

Pero si eres capaz de dar sin esperar pagos y de recibir sin sentir obligaciones, entonces puedes dar o no, recibir o no, pero *nunca más quedarás endeudado*. Y lo más importante, nunca más nadie dejará de pagarte lo que te debe, porque nunca más nadie te deberá nada.

Cuando Jorge terminó de hablar, la bronca había desaparecido.

Me di cuenta de que no tenía obligación de llevarle los apuntes.

Me di cuenta de que lo que él me había ayudado, fue hecho con sus ganas. Y aún más: si lo había hecho como una manera de dejarme deudor, sólo había buscado su beneficio y entonces yo no quería hacerle favores.

No debía, pues, nada y podía hacer lo que quisiera.

Así que le di un beso a Jorge y me fui a llevarle los apuntes a Juan.

Buscando a Buda

A veces, volvía a preguntarme si el fundamento filosó-fico gestáltico no era demasiado egoísta.

Parecía que la ideología daba tanta libertad, que alguien podía elegir cagarse en el resto del mundo y estaba bien. Alguien podía vivir mirándose el ombligo y no había problema.

Parecía, en fin, que los valores positivos de nues-tra educación no eran valores para la Gestalt.

Así que se lo pregunté al gordo.

–Es verdad —me dijo—, a veces parece que fuera así.

–¿Y no es así?

–Sí. Es así... por eso parece que fuera así.

–¡Qué gracioso!

–No, en serio, es así. En todo caso, de la Gestalt no sé. Pero yo, yo sí creo que cada uno debe ser como es, aunque ese "como es" sea una mierda.

–¿Tú prefieres vivir entre la mierda?

–No, pero imagínate qué pasaría si cada uno vi-viera como es. Exactamente fiel a como es...

Yo creo que pasaría lo siguiente: los que son una mierda, seguirían siéndolo y el cambio no aportaría nada. Pero los que actúan como mierda, sólo porque viven esforzándose por mejorar, ésos se volverían gente muy agradable... y como si esto fuera poco, los bondadosos de corazón, dejarían de cuestionarse y tendrían mucho tiempo libre para hacer las cosas bien.

–Pero al final es lo mismo.

–No, no lo es. La educación en que vivimos cree que hay que educar la solidaridad, yo creo que hay que dejarla salir.

–¿Qué tal educar para dejarla salir?

–Quizá pudiera ser útil, pero sin forzar a nadie a ser solidario. Eso es empujar el río para que fluya... y no me cuadra.

–Pero entonces existen mejores y peores personas, existen el egoísmo y la solidaridad, existen el bien y el mal.

–Es probable, pero prefiero pensar que existen alturas de vuelo.

Prefiero pensar que andamos por el mundo caminando y caminando. Que hay algunas pocas personas que vuelan, como los maestros; que hay algunas, menos aún, que vuelan muy alto, como los sabios, y que hay también, qué pena, quienes se arrastran. Son los que ni siquiera tienen altura para levantar su cabeza del suelo; son los que tú y yo llamamos malos tipos.

Incluso admitiendo que no todos tienen alas, yo creo que cada uno puede aceptar su camino; o tratar de crecer para ganar altura.

Pero la locura existe y hay algunos que, en lugar de alzar vuelo, dedican su esfuerzo a trepar para parecer más altos; y quienes, aunque suene increíble, viven enterrándose más y más abajo buscando no sé qué respuestas.

–En todo caso, me parece que todo depende de lo elevado del objetivo.

–No sé, ¿te cuento un cuentito?

Buda peregrinaba por el mundo para encontrarse con aquellos que se decían sus discípulos y hablarles acerca de la Verdad.

A su paso, la gente que creía en sus decires venía por cientos para escuchar su palabra, tocarlo o verlo, seguramente por única vez en sus vidas.

Cuatro monjes que se enteraron de que Buda estaría en la ciudad de Vaali, cargaron sus cosas en sus mulas y emprendieron el viaje que llevaría, si todo iba bien, varias semanas.

Uno de ellos conocía menos la ruta a Vaali y seguía a los otros en el camino.

Después de tres días de marcha, una gran tormenta los sorprendió. Los monjes apuraron el paso y llegaron al pueblo, donde buscaron refugio hasta que pasara la tormenta.

Pero el último no llegó al poblado y debió pedir refugio en casa de un pastor, en las afueras. El pastor le dio abrigo, techo y comida para pasar la noche.

A la mañana siguiente, cuando el monje estaba pronto para partir fue a despedirse del pastor. Al acercarse al corral, vio que la tormenta había espantado las ovejas del pastor y que éste trataba de reunirlas.

El monje pensó que sus cófrades estarían dejando el pueblo y si no salía pronto, los demás se alejarían. Pero él no podía seguir su camino, dejando a su suerte al pastor que lo había cobijado. Por ello decidió quedarse con él hasta juntar el ganado.

Así pasaron tres días, tras los cuales se puso en camino a paso redoblado, para tratar de alcanzar a sus compañeros.

Siguiendo las huellas de los demás, paró en una granja a reponer su provisión de agua.

Una mujer le indicó dónde estaba el pozo y se disculpó por no ayudarlo, pero debía seguir con la cosecha... mientras el monje abrevaba sus mulas y cargaba sus odres con agua, la mujer le contó que tras la muerte de su marido, era difícil para ella y sus pequeños hijos llegar a recoger la cosecha antes de que se pudriera.

El hombre se dio cuenta de que la mujer nunca llegaría a recoger la cosecha a tiempo, pero también supo que si se quedaba, perdería el rastro y no podría estar en Vaali cuando Buda arribara a la ciudad.

Lo veré algunos días después, pensó, sabiendo que Buda se quedaría unas semanas en Vaali.

La cosecha llevó tres semanas y apenas terminó la tarea, el monje retomó su marcha...

En el camino, se enteró de que Buda ya no estaba en Vaali. Buda había partido hacia otro pueblo más al norte.

El monje cambio su rumbo y se dirigió hacia el nuevo poblado.

Podría haber llegado aunque no fuera más que para verlo, pero en el camino tuvo que salvar a una pareja de ancianos que eran arrastrados corriente abajo y no hubieran podido escapar de una muerte segura. Sólo cuando los ancianos estuvieron recuperados, se animó a continuar su marcha sabiendo que Buda seguía su camino...

...Veinte años pasaron con el monje siguiendo el camino de Buda... y cada vez que se acercaba, algo sucedía que retrasaba su andar. Siempre alguien que necesitaba de él, evitaba, sin saberlo, que el monje llegara a tiempo.

Finalmente se enteró de que Buda había decidido ir a morir a su ciudad natal.

Esta vez, dijo para sí, es la última oportunidad. Si no quiero morirme sin haber visto a Buda, no puedo distraer mi camino. Nada es más importante ahora que ver a Buda antes de que muera. Ya habrá tiempo para ayudar a los demás, después.

Y con su última mula y sus pocas provisiones, retomó el camino.

La noche antes de llegar al pueblo, casi tropezó con un ciervo herido en medio del camino. Lo auxilió, le dio de beber y cubrió sus heridas con barro fresco. El ciervo boqueaba tratando de tragar el aire, que cada vez le faltaba más.

Alguien debería quedarse con él, pensó, para que yo pueda seguir mi camino.

Pero no había nadie a la vista.

Con mucha ternura acomodó al animal contra unas rocas para seguir su marcha, le dejó agua y comida al alcance del hocico y se levantó para irse.

Sólo llegó a hacer dos pasos, inmediatamente se dio cuenta de que no podría presentarse ante Buda, sabiendo en lo profundo de su corazón que había dejado solo a un indefenso moribundo...

Así que descargó la mula y se quedó a cuidar al

animalito. Durante toda la noche veló su sueño como si cuidara a un hijo. Le dio de beber en la boca y cambió paños sobre su frente.

Hacia el amanecer, el ciervo se había recuperado.

El monje se levantó, se sentó en un lugar apartado y lloró... Finalmente, había perdido también su última oportunidad.

–Ya nunca podré encontrarte —dijo en voz alta.

–No sigas buscándome —le dijo una voz que venía desde sus espaldas— porque ya me has encontrado.

El monje giró y vio cómo el ciervo se llenaba de luz y tomaba la redondeada forma de Buda.

–Me hubieras perdido si me dejabas morir esta noche para ir a mi encuentro en el pueblo... y respecto a mi muerte, no te inquietes, el Buda no puede morir mientras haya algunos como tú, que son capaces de seguir mi camino por años, sacrificando sus deseos por las necesidades de otros. *Eso es el Buda, y Buda está en ti.*

–Creo que entiendo. Un objetivo supuestamente elevado puede ser un incentivo para levantar vuelo, pero puede también ser usado para justificar a algunos de los que se arrastran.

–Eso es, Demi. Eso es.

El leñador esforzado

–No sé qué pasa, gordo. En la facultad no me va como a mí me gustaría.

–¿Qué quiere decir eso?

–Que mi rendimiento va bajando "sin prisa pero sin pausa", desde que empezó el año. Mis calificaciones son todos sietes y ochos, quizá algún nueve. Pero en los últimos exámenes, no puedo pasar de un seis. No sé, no rindo, no me puedo concentrar, no tengo ganas.

–Bueno, Demi, también tienes que tener en cuenta que estamos sobre fin de año, quizá necesites un descanso.

–Yo pienso tomarme el descanso, pero todavía faltan dos meses para fin de año, y antes de eso es imposible. No puedo parar para tomarme vacaciones.

–A veces me parece que la civilización ha conseguido volvernos locos a todos. Dormimos de doce a ocho, almorzamos entre las doce y la una, cenamos entre las nueve y las diez... En realidad, nuestras actividades las decide el reloj. No nuestras ganas. A mí me parece que para algunas cosas es imprescindible cierto grado de orden, pero para otras es absolutamente incomprensible obedecer el orden prestablecido.

–Todo lo que quieras, pero ahora yo no puedo parar.

–Pero siguiendo, me dices que tu rendimiento disminuye.

–¡Debe haber otra forma!

Había una vez un leñador que se presentó a trabajar en una maderera. El sueldo era bueno y las condiciones de trabajo mejores aún; así que el leñador se decidió a hacer buen papel.

El primer día se presentó al capataz, quien le dio un hacha y le designó una zona.

El hombre entusiasmado salió al bosque a talar.

En un solo día cortó dieciocho árboles.

–Te felicito —dijo el capataz—, sigue así.

Animado por las palabras del capataz, el leñador se decidió a mejorar su propio desempeño al día siguiente; así que esa noche se acostó bien temprano.

A la mañana se levantó antes que nadie y se fue al bosque.

A pesar de todo el empeño, no consiguió cortar más que quince árboles.

–Me debo haber cansado —pensó y decidió acostarse con la puesta del sol.

Al amanecer, se levantó decidido a batir su marca de dieciocho árboles. Sin embargo, ese día no llegó ni a la mitad.

Al día siguiente fueron siete, luego cinco y el último día estuvo toda la tarde tratando de voltear su segundo árbol.

Inquieto por el pensamiento del capataz, el leñador

se acercó a contarle lo que le estaba pasando y a jurarle y perjurarle que se esforzaba al límite de desfallecer.

El capataz le preguntó:

–¿Cuándo afilaste tu hacha la última vez?

–¿Afilar? No tuve tiempo de afilar, estuve muy ocupado cortando árboles.

–¿De qué sirve, Demián, empezar con un enorme esfuerzo, que pronto se volverá insuficiente? Cuando me esfuerzo, el tiempo de recuperación nunca alcanza para optimizar mi rendimiento.

Descansar, cambiar de temas, hacer otras cosas, es muchas veces una manera de afilar nuestras herramientas. Seguir en un punto forzadamente, en cambio, es un vano intento de remplazar, con voluntad, la incapacidad de un individuo en un momento determinado.

La gallina y los patitos

Venía discutiendo mucho con mis padres. Yo me sentía totalmente incomprendido.

Me parecía imposible no poder entenderme con ellos. Sobre todo, con mi padre.

Siempre creí que mi papá era un tipo fantástico, y en aquel tiempo lo seguía creyendo. Pero él se portaba como si pensara que yo era un idiota. Todo lo que yo hacía le parecía mal, o inútil, o peligroso o inadecuado. Y cuando yo intentaba explicarlo era peor, no había dos ideas que pudiéramos compartir.

–...Y me resisto a creer que mi padre se volvió estúpido.

–Bueno, no creo que se haya vuelto estúpido.

–Pero te aseguro, gordo, que se porta como si fuera tarado. Como si se encaprichara en posturas obtusas y pasadas de moda. Mi viejo no es un tipo tan mayor como para no entender a los jóvenes... decididamente es muy extraño.

–¿Cuento?

–Cuento.

Había una vez una pata que había puesto cuatro huevos...

Mientras los empollaba, un zorro atacó el nido y la mató. Por alguna razón no llegó a comerse los huevos antes de huir, pero éstos quedaron abandonados en el nido.

Una gallina clueca que pasó por allí, encontró el nido sin cuidados y su instinto la hizo sentarse sobre los huevos para empollarlos.

Poco después nacieron los patitos y, como era lógico, tomaron a la gallina como su madre y caminaron en fila tras ella.

La gallina contenta con su nueva cría, los llevó hasta la granja.

Todas las mañanas después del canto del gallo, mamá gallina rascaba el piso y los patos se esforzaban por imitarla. Cuando los patitos no conseguían arrancar de la tierra un mísero gusano, la mamá sacaba para todos sus polluelos, partía cada lombriz en pedazos y alimentaba a sus hijos en sus propios picos.

Un día, como otros, la gallina salió a pasear con su nidada por los alrededores de la granja. Sus patitos, disciplinadamente, la seguían en fila.

Pero de pronto, al llegar al lago, los patitos de un salto se zambullieron con naturalidad en la laguna, mientras la gallina cacareaba desesperada pidiéndoles que salieran del agua.

Los patitos nadaban alegres chapoteando y su mamá saltaba y lloraba temiendo que se ahogaran.

El gallo apareció atraído por los gritos de la madre y se percató de la situación.

–No se puede confiar en los jóvenes —fue su sentencia—, son unos imprudentes.

Uno de los patitos que escuchó al gallo, se acercó a la orilla y les dijo:

—No nos culpen a nosotros por sus propias limitaciones.

—No pienses, Demián, que la gallina estaba equivocada.

No juzgues tampoco al gallo.

No creas a los patos prepotentes y desafiantes.

Ninguno de estos personajes está equivocado, lo que sucede es que ven la realidad desde miradores distintos.

El único error, casi siempre, es creer que el mirador en que estoy, es el único desde el cual se divisa la verdad.

EL SORDO SIEMPRE CREE
QUE LOS QUE DANZAN ESTÁN LOCOS.

Pobres ovejas

Me quedé boyando en el tema de las relaciones entre padres e hijos. ¡El gordo tenía razón! Cada generación ve las cosas desde su propio y único punto de vista. Nosotros y ellos como en otro tiempo, ellos y los abuelos, peleamos porque no podemos siquiera acordar una misma realidad.

—Hablé con mis padres, ¿sabes?

—¿Ajá?

—Les conté el cuento de la gallina.

—¿Y?

—Al principio, reaccionaron exactamente como yo pensé que iban a hacer. Mi madre diciendo que no entendía la relación, y mi viejo diciendo que no estaba de acuerdo. Pero después nos quedamos callados un largo rato, y al final ya no estábamos tan en desacuerdo.

—Pudiste, por fin, acordar desacuerdos.

—Sí, es como tú dices, ponerse de acuerdo cuando nos ponemos de acuerdo es fácil; lo difícil es ponerse de acuerdo en que no estamos de acuerdo. Pero esto es lo que pasó.

—¡Qué bueno!

—A pesar de todo, al final mi padre aclaró que él cree que tiene prioridad de opinión por su edad, por su experiencia y porque hay peligros en la vida que todavía no estamos en condiciones de enfrentar sin ellos, y toda la gente.

—¿Y tú qué crees?

—Que no es cierto, que yo podría enfrentarme con casi todas las cosas.

—¿Y con otras?

—Y con otras, creo que no.

—Entonces, el viejo tiene razón. Hay "peligros" para los cuales todavía los necesitas.

—Pues, sí.

—Te deja en desventaja ese planteamiento, ¿eh?

—Sí, pero es verdad.

—¡Es verdad! Ahora falta saber si es toda la verdad.

—¿Cómo?

—Escucha...

Había una vez una familia de pastores. Tenían todas las ovejas juntas en un solo corral. Las alimentaban, las cuidaban y las paseaban.

De vez en cuando, las ovejas trataban de escapar.

Aparecía entonces el más viejo de los pastores y les decía:

—Ustedes, ovejas inconscientes y soberbias. No saben que afuera el valle está lleno de peligros. Solamente aquí podrán tener agua, alimentos y, sobre todo, protección contra los lobos.

En general, esto bastaba para frenar los "aires de libertad" de las ovejas.

Un día nació una oveja diferente, digamos una oveja negra. Tenía espíritu rebelde y animaba a sus compañeras a huir hacia la libertad de la pradera.

Las visitas del viejo pastor para convencer a las ovejas de los peligros exteriores, debieron hacerse cada vez más frecuentes. No obstante, las ovejas estaban inquietas y cada vez que se las sacaba del corral, daba más trabajo reunirlas.

Hasta que una noche, la oveja negra las convenció y huyeron.

Los pastores no notaron nada hasta el amanecer, allí vieron el corral roto y vacío.

Todos juntos fueron a llorar a la casa del anciano jefe de familia.

–Se han ido, se han ido.

–Pobrecitas...

–¿Y el hambre?

–¿Y la sed?

–¿Y el lobo?

–¿Que será de ellas sin nosotros?

El anciano tosió, dio una chupada a la pipa y dijo:

–Es verdad, ¿qué será de ellas sin nosotros? Y lo que es casi peor...

...¡¿Qué será de nosotros sin ellas?!

La olla embarazada

–¿Cómo anda todo con tus padres? —preguntó el gordo.

–Tiene altibajos —contesté. Hay momentos en que nos entendemos muy bien, y cada uno puede pararse en el lugar del otro, pero hay otros en que no tiene caso. Nada qué hacer.

–Bueno, Demi, supongo que eso te va a pasar con toda la gente por el resto de tu vida.

–Sí, pero con ellos, de alguna manera es diferente. Son mis padres...

–Sí, son tus padres. Pero ¿en qué sentido dices que esto es diferente?

–Ellos tienen un determinado poder por ser mis padres.

–¿Qué poder?

–Poder sobre mí.

–Tú ya eres un adulto, Demián. Y como tal, nadie tiene poder sobre ti. Nadie. Por lo menos, nadie tiene más poder que el que tú le des.

–Yo no les doy nada.

–Debe ser que sí.

–Pero la casa es de ellos, ellos me dan de comer, me compran alguna ropa, pagan algo de la facultad, mi madre lava mi ropa, hace mi cama, eso algún derecho les da...

—¿Tú no trabajas?

—Sí, claro que trabajo.

—¿Y entonces? Yo puedo entender que vivas en esa casa, si no te puedes permitir económicamente un departamento para ti; pero todo lo demás, yo creo que si de verdad quieres pelear por tu independencia, hay cosas que podrías hacer solo.

—¿Qué es esto, el folclor materno telúrico: "Aprende a limpiarte el culo antes de hacer otras cosas"?

—No, supongo que no, pero tú eres el que reclama libertad e independencia.

—Yo no quiero libertad e independencia para cocinarme mi comida, hacerme la cama o lavarme la ropa. La quiero para no tener que pedir permisos, para sentirme con derecho a contar lo que quiero y callarme el resto.

—Quizá, Demi, estos dos grupos de "libertades" sean interdependientes.

—Yo no quiero dejar de ver a mis padres.

—No, claro que no, pero tú reclamas algunos derechos recortados de tu situación actual, y renuncias a una parte de las responsabilidades que devienen de esos derechos.

—Pero yo puedo elegir en qué áreas voy a independizarme antes y en qué áreas prefiero esperar un poco.

—A ver si esto aclara:

Un señor le pidió una tarde a su vecino una olla prestada. El dueño de la olla no era demasiado solidario, pero se sintió obligado a prestarla.

A los cuatro días, la olla no había sido devuelta, así que, con la excusa de necesitarla fue a pedirle a su vecino que se la devolviera.

—Casualmente, iba para su casa a devolverla... ¡el parto fue tan difícil!

—¿Qué parto?

—El de la olla.

—¡¿Qué?!

—Ah, ¿usted no sabía? La olla estaba embarazada.

—¿Embarazada?

—Sí, y esa misma noche tuvo familia, así que debió hacer reposo pero ya está recuperada.

—¿Reposo?

—Sí. Un segundo por favor —y entrando en su casa trajo la olla, un jarrito y una sartén.

—Esto no es mío, sólo la olla.

—No, es suyo, ésta es la cría de la olla. Si la olla es suya, la cría también es suya.

"Éste está totalmente loco", pensó, "pero mejor que le siga la corriente."

—Bueno, gracias.

—De nada, adiós.

—Adiós, adiós.

Y el hombre marchó a su casa con el jarrito, la sartén y la olla.

Esa tarde, el vecino otra vez le tocó el timbre.

—Vecino, ¿no me prestaría el destornillador y la pinza?

...Ahora se sentía más obligado que antes.

131

–Sí, claro.

Fue hasta adentro y volvió con la pinza y el destornillador.

Pasó casi una semana y cuando ya planeaba ir a recuperar sus cosas, el vecino le tocó la puerta.

–Ay, vecino, ¿usted sabía?

–¿Sabía qué cosa?

–Que su destornillador y la pinza son pareja.

–¡No! —dijo el otro con ojos desorbitados—, no sabía.

–Mire fue un descuido mío, por un ratito los dejé solos, y ya la embarazó.

–¿A la pinza?

–¡A la pinza!... Le traje la cría —y abriendo una canastita entregó algunos tornillos, tuercas y clavos que dijo había parido la pinza.

"Totalmente loco", pensó. Pero los clavos y los tornillos siempre venían bien.

Pasaron dos días. El vecino pedigüeño apareció de nuevo.

–He notado —le dijo— el otro día, cuando le traje la pinza, que usted tiene sobre su mesa una hermosa ánfora de oro. ¿No sería tan gentil de prestármela por una noche?

Al dueño del ánfora le tintinearon los ojitos.

–Cómo no —dijo, en generosa actitud, y entró a su casa volviendo con el ánfora pedida.

–Gracias, vecino.

–Adiós.

–Adiós.

Pasó esa noche y la siguiente y el dueño del ánfora no se animaba a golpearle al vecino para pedírsela. Sin embargo, a la semana, su ansiedad no aguantó y fue a reclamarle el ánfora a su vecino.

–¿El ánfora? —dijo el vecino. Ah, ¿no se enteró?

–¿De qué?

–Murió en el parto.

–¿Cómo que murió en el parto?

–Sí, el ánfora estaba embarazada y durante el parto, murió.

–Dígame, ¿usted se cree que soy estúpido? ¿Cómo va a estar embarazada un ánfora de oro?

–Mire, vecino, si usted aceptó el embarazo y el parto de la olla. El casamiento y la cría del destornillador y la pinza, ¿por qué no habría de aceptar el embarazo y la muerte del ánfora?

–Tú, Demi, puedes elegir lo que quieras, pero no puedes ser independiente para lo que es más fácil y agradable y no serlo en lo que es más costoso.

Tu criterio, tu libertad, tu independencia y el aumento de tu responsabilidad vienen juntos con tu proceso de crecimiento.

Tú decides ser adulto o permanecer pequeño.

La mirada del amor

—A mí me parece que mis padres se volvieron chochos y ya no son tan piolas.

—Y a mí me parece que tú los miras desde un lugar diferente.

—¿Y eso qué tiene que ver? "Lo que es, es", como dices tú.

—Cuento:

El rey estaba enamorado de Sabrina: una mujer de baja condición a la que el rey había hecho su última esposa.

Una tarde, mientras el rey estaba de cacería, llegó un mensajero para avisar que la madre de Sabrina estaba enferma. Pese a que existía la prohibición de usar el carruaje personal del rey (falta que era pagada con la cabeza), Sabrina subió al carruaje y corrió junto a su madre.

A su regreso, el rey fue informado de la situación.

—¿No es maravillosa? —dijo. Esto es verdaderamente amor filial. ¡No le importó su vida para cuidar a su madre! ¡Es maravillosa!

Otro día, mientras Sabrina estaba sentada en el jardín del palacio comiendo fruta, llegó el rey. La princesa lo saludó y luego le dio un mordisco al último durazno que quedaba en la canasta.

–¡Parecen ricos! —dijo el rey.

–Lo son —dijo la princesa y alargando la mano le cédió a su amado el último durazno.

–¡Cuánto me ama! —comentó después el rey. Renunció a su propio placer, para darme el último durazno de la canasta, ¿no es fantástica?

Pasaron algunos años y vaya a saber por qué, el amor y la pasión desaparecieron del corazón del rey.

Sentado con su amigo más confidente, le decía:

–Nunca se portó como una reina... ¿acaso no desafió mi investidura usando mi carruaje? Es más, recuerdo que un día me dio a comer una fruta mordida.

La realidad es siempre la misma. Y lo que es, es... Sin embargo, como en el cuento, el hombre puede leer un hecho de una manera o de la contraria.

Cuidado con tus percepciones, decía Badwin el sabio.

SI LO QUE VES SE AJUSTA "A MEDIDA"
CON LA REALIDAD QUE A TI MÁS TE CONVIENE...
¡DESCONFÍA DE TUS OJOS!

Los retoños del ombú

Apenas entré, Jorge me dijo:

—Tengo un cuento para contarte.

—Un cuento, ¿por qué?

—No sé, me pareció que te vendría bien.

—Bueno —dije, confiando en él.

Era un pueblo muy pequeño.

Tan pequeño que no figuraba en los grandes mapas nacionales.

Tan pequeño que tenía sólo una diminuta plaza, y que en su única plaza tenía un solo árbol.

Pero la gente amaba a ese pueblo, amaba a su plaza y amaba a su árbol: un enorme ombú que estaba justo, justo en la mitad de la plaza...

...y también en la mitad de la cotidianidad de los habitantes del pueblo: todas las tardes, a eso de las siete, después del trabajo, hombres y mujeres se cruzaban en la plaza, recién bañados, peinados y vestidos dando un par de vueltas alrededor del ombú.

Durante años los jóvenes, los padres de los jóvenes, y los padres de los padres se habían cruzado diariamente bajo el ombú.

Allí se habían cerrado negocios importantes, tomado decisiones del municipio, arreglado casamientos y recordado a los muertos, por los años de los años.

Un día algo diferente y maravilloso comenzó a pasar: en una raíz lateral, saliendo de la nada, brotó una ramita verde con sus dos únicas hojitas apuntando al sol.

Era un retoño. El primer retoño que el ombú había dado desde que se le conocía.

Después de la conmoción, se creó una comisión que organizó un festejo para brindar por el nuevo hecho.

Para sorpresa de los organizadores, no todos en el pueblo concurrieron al brindis, había quienes decían que el retoño traería complicaciones.

El caso es que algunos días después de aparecido el primer retoño, empezó a brotar otro. Y en un mes, más de una veintena de nuevas manchitas verde claro asomaron en las ya grises raíces del ombú.

La alegría de unos y la indiferencia de otros había de durar poco.

El aviso lo dio el guardia de la plaza. Algo le pasaba al viejo ombú. Sus hojas estaban más amarillentas que nunca, eran débiles y se caían con facilidad. La corteza del tronco otrora carnosa y tierna, se había vuelto reseca y quebradiza. El guardián dio su diagnóstico: *el ombú estaba enfermo* y quizá moriría.

Esa tarde, en el paseo vespertino se planteó la discusión. Algunos empezaron a decir que todo esto era culpa de los retoños. Sus argumentos eran concretos: todo estaba bien antes de que aparecieran.

Los defensores de los retoños decían que una cosa era independiente de la otra y que los retoños eran el futuro si algo le pasaba al viejo ombú.

Así, planteadas las posiciones, se formaron dos grupos claramente divididos. Uno que ponía el acento en el viejo ombú y otro que lo ponía en los nuevos retoños.

Sin saber cómo la discusión se hizo cada vez más acalorada y los grupos cada vez más separados. Recién entrada la noche acordaron llevar el tema a la reunión vecinal del día siguiente, para calmar los ánimos.

Pero los ánimos no se calmaron. Al día siguiente, *los defensores del ombú* (como empezaron a llamarse) dijeron que la solución del problema era volver atrás. Los retoños estaban quitándole fuerzas al viejo ombú y actuando como parásitos del árbol. Había, por lo tanto, que destruir a los retoños.

Los defensores de la vida, como ya se habían bautizado, escucharon azorados, porque también ellos se habían reunido antes para encontrar una solución. Había que cortar el viejo ombú, que en realidad ya había cumplido su ciclo. Éste, lo único que hacía era quitarle el sol y agua a los recién nacidos. Además, era inútil defender al ombú porque de todas maneras el viejo árbol estaba potencialmente muerto.

La discusión terminó en una pelea y la pelea en una gresca, donde no faltaron gritos, insultos y patadas. La policía disolvió el escándalo mandando a cada uno a su casa.

Los defensores del ombú se reunieron esa noche y decidieron que la situación era desesperada, los estúpidos adversarios no iban a entender razones y por lo tanto se debía actuar. Armados con tijeras de podar, palas y picos decidieron atacar: con los retoños ya destruidos, otra sería la situación a negociar.

Llegaron a la plaza casi alegres.

Al acercase al árbol, vieron que un grupo de personas apilaban maderas alrededor del ombú. Eran los defensores de la vida que planeaban prenderle fuego.

Ambos grupos de defensores se trenzaron otra vez, pero ahora sus manos estaban armadas de odio, resentimiento e instinto de destruir.

Varios retoños fueron pisoteados y dañados durante la pelea.

El viejo ombú también sufrió severos daños, en su tronco y en sus ramas.

Más de veinte defensores de ambos bandos terminaron la noche internados, con más o menos gravedad, en el hospital del pueblo.

La mañana siguiente encontró en la plaza un panorama distinto: los defensores del ombú habían levantado un cerco alrededor del árbol y lo custodiaban permanentemente cuatro personas armadas.

Los defensores de la vida, por su parte, habían cavado un foso y puesto alambre de púas alrededor de los retoños que quedaban, dispuestos a repeler cualquier ataque.

La situación en el resto del pueblo también se había tornado insoportable. Cada grupo, en su afán de conseguir más apoyo, había politizado la decisión y cada habitante debía tener posición tomada: defendía al ombú y por lo tanto era enemigo de los defensores de la vida, o defendía los retoños y, por lo tanto, debía odiar a muerte a los defensores del árbol.

La discusión final se iba a hacer ante el juez de

paz, a la sazón el pastor del pueblo en la pequeña iglesia, el siguiente domingo.

Dividido el público por una soga, los dos bandos intercambiaron agresiones. El griterío era terrible y nadie se hacía escuchar.

De pronto se abrió la puerta y por el pasillo, seguido por la mirada de ambos bandos, avanzaba apoyado en su bastón "El viejo".

"El viejo", que debía tener más de cien años, cuando era un jovencito había fundado ese pueblo, diagramó sus calles, loteó los terrenos y, por supuesto, plantó el árbol.

"El viejo" era respetado por todos y su palabra conservaba la claridad que la acompañó toda su larga vida.

El anciano rechazó los brazos que se ofrecían para ayudarlo y con dificultad subió al estrado y les habló:

–¡Imbéciles! —dijo—, ustedes se llaman a sí mismos "defensores del ombú", "defensores de la vida"; "defensores...!". Ustedes son incapaces de defender nada, porque su única intención es lastimar a todos los que piensen diferente.

Ustedes no se han dado cuenta de su error y están tan equivocados unos como otros.

El ombú no es una piedra. Es un ser viviente y como tal, tiene un ciclo vital. Este ciclo incluye dar vida a los que continuarán su misión, es decir, incluye preparar a los retoños para hacer de ellos nuevos ombúes.

Pero los retoños, estúpidos, son sólo retoños. Y por ello no podrían vivir si el ombú se muere, y la vida del ombú no tendría sentido si no fuera capaz de prolongarse en nueva vida.

Prepárense "defensores de la vida", entrénense y

ármense. Pronto será la hora de prenderle fuego a la casa de sus padres con ellos dentro, pronto envejecerán y empezarán a estorbar el camino.

Prepárense "defensores del ombú", practiquen con los retoños. Deben estar preparados para pisotear y matar a sus hijos, cuando éstos quieran remplazarlos o superarlos.

¡Ustedes se llaman a ustedes "los defensores"!

Ustedes lo único que quieren es destruir... y no se dan cuenta de que destruyendo y destruyendo, destruirán también inexorablemente todo aquello que creen defender.

¡Reflexionen!

No tienen mucho tiempo...

Y dicho esto, bajó lentamente del estrado y caminó hacia la puerta en medio del silencio de todos.

...Y se fue.

Jorge hizo silencio.

Yo no podía evitar llorar.

Me levanté y me fui, en silencio, cansado y claro...

¡Había tanto por hacer!

El laberinto

Jorge había escrito un cuento.

Porque yo se lo pedí, porque él tenía ganas o por ambas cosas, lo compartió conmigo.

Siempe le habían gustado los enigmas...

Desde chico se había desafiado a sí mismo en cuanto crucigrama, acertijo, laberinto, criptograma y problema de ingenio se le había presentado.

Con mayor o menor éxito, había usado gran parte de su vida y de su cerebro en resolver problemas que otros habían inventado. Por supuesto que no era infalible, pasaron por sus manos muchos acertijos que eran demasiado complicados para él.

Frente a ellos, Joroska había repetido una secuencia casi ritual: los miraba un rato largo y definía de un vistazo, como experto que era, si este problema pertenecía o no al grupo de los insolubles.

Si su mirada confirmaba que lo era, Joroska tomaba aire y de todas maneras se abocaba a la resolución.

Comenzaba entonces la etapa de la frustración por psicologizar el análisis del ritual.

Aparecían las preguntas imposibles, los caminos cerrados, los símbolos intrincados, las palabras desconocidas, los planteamientos imprevisibles.

Joroska había descubierto hacía tiempo su actitud exitista frente a la vida.

¿Sería por eso que estos enigmas empezaban a aburrirlo?

El caso es que poco tiempo después de la tentativa, se aburría cósmicamente y abandonaba el problema, criticando en el fondo de su subconsciente al estúpido "hacedor" de problemas que ni él podía resolver...

Creo que fue debido a que también se aburría con los planteamientos demasiado fáciles, que llegó a la conclusión de que hay un enigma a la medida de cada "resolvedor", y sólo él mismo puede saber cuál es su medida.

Lo ideal sería crear los propios acertijos a la propia medida, se dijo. Pero inmediatamente se dio cuenta de que eso haría perder interés al enigma mismo. El creador tendría la solución a medida que planteaba el problema.

Un poco jugando y un poco animado por la idea de ayudar a otros que, como él, quisieran resolver estos enigmas, comenzó a crear dilemas, juegos de palabras, de números, problemas de lógica y planteamientos de pensamiento abstracto...

Pero su gran obra fue la construcción del laberinto.

En el fondo de su enorme casa, empezó, los días de solecito y paz, a levantar paredes, ladrillo por ladrillo, para armar a escala natural un enorme laberinto.

Pasaron años. Todos sus acertijos eran compartidos con amigos, revistas especializadas y algunas últimas páginas de diarios. Pero el laberinto no se publicaba ni se trasladaba; el laberinto crecía y crecía en el fondo de la casa.

Joroska lo complicaba más y más. Casi sin darse cuenta, el intrincado laberinto tenía cada vez más caminos sin salida.

La construcción se transformó en parte de su vida. No había día en que Joroska no agregara algún ladrillo, tapiara una salida o prolongara una curva para hacer más difícil su recorrido.

¿Cuándo fue? Diría yo que alrededor de veinte años después.

El fondo de su casa no alcanzaba para seguir construyendo y entonces el laberinto empezó, casi naturalmente, a incluirse en su propia casa.

Para ir del dormitorio al baño, había que dar ocho pasos al frente, girar a la izquierda, dar seis pasos, luego a la derecha, bajar tres escalones, caminar cinco pasos, doblar otra vez a la derecha, saltar un obstáculo y abrir una puerta...

Para ir a la terraza había que inclinar el cuerpo sobre la pared izquierda, rodar unos metros y subir por una escalera de soga hasta el piso alto...

Así, de a poco, su casa se fue transformando en un gran laberinto, de tamaño natural.

Al principio, esto lo llenó de satisfacción. Era divertido transitar esos pasillos que lo conducían también a él, a veces, a rutas sin salida (era imposible recordar todos los caminos en la memoria).

Era un laberinto a su medida.

A *su* medida.

Desde entonces Joroska invitó a mucha gente a su casa, a su laberinto; pero aun los más interesados terminaban, como él en otros acertijos, aburriéndose.

Joroska se ofrecía a guiarlos por su casa, pero la gente después de un rato decidía irse. Palabras más o palabras menos, todos le decían lo mismo:

–¡No se puede vivir así!

Finalmente Joroska no aguantó su eterna soledad y se mudó a una casa sin laberintos, donde pudo recibir sin problemas a la gente.

Sin embargo, cada vez que conocía a alguien que le parecía lúcido, lo llevaba a su verdadero lugar.

Como hacía aquel niño aviador de *El principito* con sus dibujos de las boas cerradas y las boas abiertas, así Joroska abría su laberinto para los que le parecían merecedores de tal "distinción".

...Joroska nunca encontró a nadie que quisiera vivir con él en ese lugar.

El círculo del noventa y nueve

–¿Por qué, gordo, por qué nunca se puede estar tranquilo?

–¿?

–Claro, a veces me pongo a pensar. La relación con Gabriela anda muy bien, mucho mejor que en otros tiempos, pero no llega a ser lo que a mí me gustaría. No sé, falta pasión, fuego o diversión, no sé. En la facultad, pasa algo parecido, voy a las clases, aprendo, rindo los exámenes y los apruebo. Pero no es completo, me falta el gustito, el placer cotidiano de sentir que estoy estudiando lo que quiero. Y lo mismo es con el trabajo. Estoy bien y me pagan un buen sueldo, pero no lo que a mí me gustaría ganar.

–¿Y es todo así?

–Me parece que sí. Nunca puedo descansar y decir: bueno ahora sí, está todo bien. Es así con mi hermano, con mis amigos, con el dinero, con mi estado físico, con todas las cosas que me interesan.

–Hace unas semanas, cuando estabas angustiado por la situación en tu casa, ¿no te pasaba esto?

–Supongo que sí, pero había otras preocupaciones más grandes que tapaban estas otras cosas. Esto de hoy, de alguna manera es "un lujo", es lo que le daría contenido a todo lo demás.

–¿Esto es: tu preocupación empieza cuando los grandes problemas desaparecen?

–Claro.

–Esto es, este problema empieza cuando no tienes problemas.

–¿Cómo?

–Claro, cuando todo mejora.

–Pues... ¡sí!

–Dime, Demián, ¿cómo te suena esto de admitir que tienes un problema que empieza "cuando todo mejora"?

–Me siento un estúpido.

–Lo que es, es —me dijo el gordo. Hace mucho que no te cuento un cuento de un rey.

–Verdad.

–Había una vez un rey, digamos "clásico".

–¿Qué es un rey "clásico"?

–Un rey "clásico" en un cuento, es un rey muy poderoso, que tiene una gran fortuna, un hermoso palacio, grandes manjares a su disposición, hermosas esposas, y acceso a todo lo que se le ocurra. Y a pesar de todo eso, no es feliz.

–Ah...

–Y cuanto más clásico el cuento, más infeliz el rey.

–Y este rey ¿cuán "clásico" era?

–Muy clásico.

–¡Pobre!

Había una vez un rey muy triste que tenía un sirviente, que como todo sirviente de rey triste, era muy feliz.

Todas las mañanas llegaba a traer el desayuno y a despertar al rey contando y tarareando alegres canciones de juglares. Una gran sonrisa se dibujaba en su distendida cara y su actitud para con la vida era siempre serena y alegre.

Un día, el rey lo mandó llamar.

—Paje —le dijo—, ¿cuál es el secreto?

—¿Qué secreto, Majestad?

—¿Cuál es el secreto de tu alegría?

—No hay ningún secreto, Alteza.

—No me mientas, paje. He mandado cortar cabezas por ofensas menores que una mentira.

—No le miento, Alteza, no guardo ningún secreto.

—¿Por qué estás siempre alegre y feliz?, ¿eh?, ¿por qué?

—Majestad, no tengo razones para estar triste. Su Alteza me honra permitiéndome atenderlo. Tengo mi esposa y mis hijos viviendo en la casa que la corte nos ha asignado, somos vestidos y alimentados y además Su Alteza me premia de vez en cuando con algunas monedas para darnos algunos gustos, ¿cómo no estar feliz?

—Si no me dices ahora mismo el secreto, te haré decapitar —dijo el rey. Nadie puede ser feliz por esas razones que has dado.

—Pero, Majestad, no hay secreto. Nada me gustaría más que complacerlo, pero no hay nada que yo esté ocultando...

—Vete, ¡vete antes de que llame al verdugo!

El sirviente sonrió, hizo una reverencia y salió de la habitación.

El rey estaba como loco. No consiguió explicarse cómo el paje estaba feliz viviendo de prestado, usando ropa usada y alimentándose de las sobras de los cortesanos.

Cuando se calmó, llamó al más sabio de sus asesores y le contó su conversación de la mañana.

–¿Por qué él es feliz?

–Ah, Majestad, lo que sucede es que él está fuera del círculo.

–¿Fuera del círculo?

–Así es.

–¿Y eso es lo que lo hace feliz?

–No, Majestad, eso es lo que no lo hace infeliz.

–A ver si entiendo, estar en el círculo te hace infeliz.

–Así es.

–Y él no está.

–Así es.

–¿Y cómo salió?

–¡Nunca entró!

–¿Qué círculo es ése?

–El círculo del noventa y nueve.

–Verdaderamente, no te entiendo nada.

–La única manera para que entendieras, sería mostrártelo en los hechos.

–¿Cómo?

–Haciendo entrar a tu paje en el círculo.

–Eso, obliguémoslo a entrar.

–No, Alteza, nadie puede obligar a nadie a entrar en el círculo.

–Entonces habrá que engañarlo.

–No hace falta, Su Majestad. Si le damos la oportunidad, él entrará solito, solito.

–¿Pero él no se dará cuenta de que eso es su infelicidad?

–Sí, se dará cuenta.

–Entonces no entrará.

–No lo podrá evitar.

–¿Dices que él se dará cuenta de la infelicidad que le causará entrar en ese ridículo círculo, y de todos modos entrará en él y no podrá salir?

–Tal cual. Majestad, ¿estás dispuesto a perder un excelente sirviente para poder entender la estructura del círculo?

–Sí.

–Bien, esta noche te pasaré a buscar. Debes tener preparada una bolsa de cuero con noventa y nueve monedas de oro, ni una más ni una menos. ¡Noventa y nueve!

–¿Qué más? ¿Llevo los guardias por si acaso?

–Nada más que la bolsa de cuero. Majestad, hasta la noche.

–Hasta la noche.

Así fue. Esa noche, el sabio pasó a buscar al rey.

Juntos se escurrieron hasta los patios del palacio y se ocultaron junto a la casa del paje. Allí esperaron el alba.

Cuando dentro de la casa se encendió la primera vela, el hombre sabio agarró la bolsa y le puso un papel que decía:

ESTE TESORO ES TUYO.

ES EL PREMIO

POR SER UN BUEN HOMBRE.

DISFRÚTALO Y NO CUENTES

A NADIE

CÓMO LO ENCONTRASTE.

Luego ató la bolsa con el papel en la puerta del sirviente, golpeó y volvió a esconderse.

Cuando el paje salió, el sabio y el rey espiaban desde atrás de unas matas lo que sucedía.

El sirviente vio la bolsa, leyó el papel, agitó la bolsa y al escuchar el sonido metálico se estremeció, apretó la bolsa contra el pecho, miró hacia todos lados y entró en su casa.

Desde afuera escucharon la tranca de la puerta, y se arrimaron a la ventana para ver la escena.

El sirviente había tirado todo lo que había sobre la mesa y dejado sólo la vela. Se había sentado y había vaciado el contenido en la mesa.

Sus ojos no podían creer lo que veían.

¡Era una montaña de monedas de oro!

Él, que nunca había tocado una de estas monedas, tenía hoy una montaña de ellas para él.

El paje las tocaba y amontonaba, las acariciaba y hacía brillar la luz de la vela sobre ellas. Las juntaba y desparramaba, hacía pilas de monedas.

Así jugando y jugando empezó a hacer pilas de diez monedas: una pila de diez, dos pilas de diez, tres pilas, cuatro, cinco, seis…, y mientras sumaba diez, veinte, treinta, cuarenta, cincuenta, sesenta…, hasta que formó la última pila: ¡*nueve monedas!*

Su mirada recorrió la mesa primero, buscando una moneda más. Luego el piso y finalmente la bolsa.

"No puede ser", pensó. Puso la última pila al lado de las otras y confirmó que era más baja.

–Me robaron —gritó—, ¡me robaron, malditos!

Una vez más buscó en la mesa, en el piso, en la bolsa, en sus ropas, vació sus bolsillos, corrió los muebles, pero no encontró lo que buscaba.

Sobre la mesa, como burlándose de él, una montañita resplandeciente le recordaba que había noventa y nueve monedas de oro, "sólo noventa y nueve".

"Noventa y nueve monedas. Es mucho dinero", pensó.

Pero me falta una moneda.

Noventa y nueve no es un número completo —pensaba.

Cien es un número completo, pero noventa y nueve no.

El rey y su asesor miraban por la ventana. La cara del paje ya no era la misma, estaba con el ceño fruncido y los rasgos tiesos, los ojos se habían vuelto pequeños y arrugados y la boca mostraba un horrible rictus, por el que asomaban sus dientes.

El sirviente guardó las monedas en la bolsa y mirando para todos lados para ver si alguien de la casa lo veía, escondió la bolsa entre la leña. Luego tomó papel y pluma y se sentó a hacer cálculos.

¿Cuánto tiempo tendría que ahorrar el sirviente para comprar su moneda número cien?

Todo el tiempo se hablaba solo, en voz alta.

Estaba dispuesto a trabajar duro hasta conseguirla.

Después quizá no necesitara trabajar más.

Con cien monedas de oro, un hombre puede dejar de trabajar.

Con cien monedas un hombre es rico.

Con cien monedas se puede vivir tranquilo.

Sacó el cálculo. Si trabajaba y ahorraba su salario y algún dinero extra que recibía, en once o doce años juntaría lo necesario.

"Doce años es mucho tiempo", pensó.

Quizá pudiera pedirle a su esposa que buscara trabajo en el pueblo por un tiempo. Y él mismo, después de todo, él terminaba su tarea en palacio a las cinco de la tarde, podría trabajar hasta la noche y recibir alguna paga extra por ello.

Sacó las cuentas: sumando su trabajo en el pueblo y el de su esposa, en siete años reuniría el dinero.

¡Era demasiado tiempo!

Quizá pudiera llevar al pueblo lo que quedaba de comida todas las noches y venderlo por unas monedas. De hecho, cuanto menos comieran, más comida habría para vender...

Vender...

Vender...

Estaba haciendo calor. ¿Para qué tanta ropa de invierno?

¿Para qué más de un par de zapatos?

Era un sacrificio, pero en cuatro años de sacrificios llegaría a su moneda cien.

El rey y el sabio, volvieron al palacio.

El paje había entrado en el círculo del noventa y nueve...

...Durante los siguientes meses, el sirviente siguió sus planes tal como se le ocurrieron aquella noche.

Una mañana, el paje entró a la alcoba real golpeando las puertas, refunfuñando y de pocas pulgas.

–¿Qué te pasa? —preguntó el rey de buen modo.

–Nada me pasa, nada me pasa.

–Antes, no hace mucho, reías y cantabas todo el tiempo.

–Hago mi trabajo, ¿no? ¿Qué quisiera Su Alteza, que sea su bufón y su juglar también?

No pasó mucho tiempo antes de que el rey despidiera al sirviente.

No era agradable tener un paje que estuviera siempre de mal humor.

Y hoy cuando hablamos, me acordaba de ese cuento del rey y el sirviente.

Tú y yo y todos nosotros hemos sido educados en esta estúpida ideología: siempre nos falta algo para estar completos, y sólo completos se puede gozar de lo que se tiene.

Por lo tanto, nos enseñaron, la felicidad deberá esperar a completar lo que falta...

Y como siempre nos falta algo, la idea retoma el comienzo y nunca se puede gozar de la vida...

Pero qué pasaría
si la iluminación llegara a nuestras vidas
y nos diéramos cuenta, así, de golpe
que nuestras noventa y nueve monedas
son ciento por ciento el tesoro,
que no nos falta nada,
que nadie se quedó con lo nuestro,
que nada tiene de más redondo
cien que noventa y nueve,

que ésta es sólo una trampa,
una zanahoria puesta frente a nosotros
para que seamos estúpidos,
para que jalemos del carro,
cansados, malhumorados,
infelices o resignados.
Una trampa para que nunca dejemos de empujar
y que todo siga igual...
...¡eternamente igual!
...Cuántas cosas cambiarían
si pudiésemos disfrutar de
nuestros tesoros tal como están.

–Pero ojo, Demián, reconocer en noventa y nueve un tesoro no quiere decir abandonar los objetivos. No quiere decir conformarse con cualquier cosa.

Porque *aceptar es una cosa y resignarse es otra.*

Pero eso es parte de otro cuento.

El centauro

Estuve pensando toda la semana en el cuento del círculo del noventa y nueve. Alguna pieza se había acomodado, pero al hacerlo había dejado fuera de su lugar a unas cuantas otras.

Cuando llegué a sesión, todavía no sabía muy bien qué estaba pasando así que decidí no hablar del tema.

Me fui por las ramas toda la sesión, hablamos sobre el tiempo, las vacaciones, los autos y las minas.

Cuando faltaba poco para terminar mi hora, le dije a Jorge que sentía que había desperdiciado mi sesión, que no le había sacado el jugo.

—Acuérdate, Demián, del leñador que no afilaba el hacha. Quizá una sesión livianita y hasta frívola sea una manera de afilarse.

—Con ese criterio también podría no haber venido.

—Seguramente podrías no haber venido. No es lo mismo, ni para mí, ni para ti, pero podrías no haber venido.

—Tú eres muy especial.

—Sí, claro, y tú también.

—Sí, ¡pero tú más!

–Bueno, acepto. Volviendo al asunto de venir o no.

Cuando yo estudiaba medicina, tenía un profesor que dictaba obstetricia. Era muy agradable y siempre dedicaba una media hora después de la clase para contestar preguntas.

–Profesor, ¿cuál es el mejor método anticonceptivo? —preguntó un día, una de las estudiantes.

–Mire, señorita, el método anticonceptivo ideal debería ser económicamente accesible, de fácil aplicación y de absoluta seguridad... —empezó a contestar el profesor.

–Pero ¿hay algún método infalible? —preguntó el rubio pintón de la tercera fila.

–Lo más seguro, accesible económicamente y sencillo de aplicar —contestó el profesor— es "El método del vaso de agua fría".

–¿Cómo es? —preguntamos varios, incluida la dueña de la pregunta.

–Cuando su pareja los reclama para intercambio sexual, ustedes deben tomar dos o tres vasos de agua bien fría, seguidos, bebidos de a sorbos pequeños.

–¿Antes o después del acto?

–Ni antes ni después —dijo el profe. "En vez de..."

Lo mejor para poder sacarle el jugo a terapia cuando estás en estos días "cruzados", Demi, podría ser, por ejemplo, irte al cine, que te gusta, o encontrarte con un amigo, o dormir un par de horitas.

Como decía mi profe: Ni antes, ni después, "en vez de...".

Aquello que te hace bien es terapéutico.

—Claro, pero para eso habría que tomar una decisión, yo creo que *la dificultad empieza justamente cuando hay que elegir.*

El gordo me miró con cara de asco y yo le adiviné su comentario.

—No, Jorge, no estoy diciendo que preferiría no poder elegir ni estoy renegando de la libertad que tengo...

—Lo que pasa es que no quieres lidiar con la indecisión.

—Claro que no. No quiero.

—Sin embargo, ya deberías saber que, a pesar de que los humanos somos una integridad, llevamos en nosotros diferentes partes... algunas más crecidas, algunas menos... algunas más esclarecidas, otras más oscuras... algunas con unas necesidades y otras con otras.

—Entonces no se puede decidir nunca nada —protesté.

—Eso también es riesgoso... —dijo el gordo y se acomodó en un almohadón en el piso.

Yo agarré también un almohadón y me dispuse a escuchar otro cuento en ese día.

El gordo siguió.

—Cuando mi hija tenía cinco años, mi esposa y yo comprábamos asiduamente libros de cuentos que después leíamos para ella y para su hermano antes de dormir. En uno de esos libros infantiles leímos juntos un cuento que se llamaba: "El centauro". Te voy a contar ese cuento porque hoy me parece que fue escrito para ti.

Había una vez un centauro, que, como todos los centauros, era mitad hombre y mitad caballo.

Una tarde, mientras paseaba por el prado sintió hambre.

–¿Qué comeré? —pensó. ¿Una hamburguesa o un fardo de alfalfa, un fardo de alfalfa o una hamburguesa?

...Y como no pudo decidirse, se quedó sin comer.

Llegó la noche y el centauro quiso dormir.

–¿Dónde dormiré? —pensó. ¿En el establo o en un hotel, en un hotel o en el establo?

...Y como no pudo decidirse, se quedó sin dormir.

Claro, sin comer y sin dormir el centauro se enfermó.

–¿A quién llamar? —pensó. ¿A un médico o a un veterinario, a un veterinario o a un médico?

...Enfermo y sin poder decidir a quién llamar, el centauro se murió.

La gente del pueblo se acercó al cadáver y sintió pena.

–Hay que enterrarlo —dijeron. Pero ¿dónde? ¿En el cementerio del pueblo o a campo traviesa, a campo traviesa o en el cementerio del pueblo?

...Y como no pudieron decidirse, llamaron a la autora del libro que, ya que no podía decidir por ellos, revivió al centauro.

Y colorín, colorado, este cuento nunca se supo que haya terminado.

Dos de Diógenes

–Retomemos el tema del círculo.

–¿Sí?

–Me parece comprender la parábola del rey y del sirviente, y lo peor es que me siento muy identificado. La verdad es que creo que cada vez que no tengo grandes complicaciones en el horizonte, empiezo a buscar qué le falta a esto o aquello para ser perfecto. Lo digo y me parece terrible, pero no lo puedo evitar.

–La sociedad que somos, da señales claras de que tu postura es la que se espera que tengas.

–¿Por qué?

–Porque toda la idea de la sociedad postindustrial está basada en tener y no en ser, como diría Erich Fromm. Y para convencernos de que esto es verdad, nos han condicionado con un axioma que viene naturalmente a nosotros, si no somos capaces de evitarlo. Esta frase es a la vez usada como motor y como trampa.

–¿Una frase?

–Sí. La frase es: "QUÉ FELIZ SERÍA YO CON LO QUE NO TENGO".

Donde lo que no tengo no es un auto, una casa,

un buen sueldo, una pareja. Lo que no tengo es *"lo-que-no-tengo"*; quiero decir una unidad no posible.

Dicho de otra manera: si yo consiguiera tener lo-que-no-tengo, no me haría feliz porque ese algo (auto, casa, novia, etcétera) al tenerlo, dejaría de ser lo-que-no-tengo y siguiendo el axioma, sólo podré ser feliz teniendo lo-que-no-tengo.

–¡Pero esa trampa no tiene salida!

–NO, si no puedes cambiar de axioma.

–¿Y se puede?

–Todos los mandatos y pautas educativas se pueden revisar, para ratificarlos o rectificarlos.

El precio que hay que pagar es que los valores atados a un orden determinado, se descolocan. Y nos sentimos confusos y desubicados hasta encontrar un nuevo orden, acorde con nuestra nueva realidad.

Pero llegados allí aparece el premio: la valoración de lo que tienes y la posibilidad de disfrutarlo a partir de lo que eres.

Dicen que Diógenes paseaba por las calles de Atenas vestido en harapos y durmiendo en los zaguanes.

Cuentan que una mañana, cuando Diógenes estaba amodorrado todavía en el zaguán de la casa donde había pasado la noche, pasó por el lugar un acaudalado terrateniente.

–Buen día —dijo el caballero.

–Buen día —contestó Diógenes.

–He tenido una muy buena semana, así que he venido a darte esta bolsa de monedas.

Diógenes lo miró en silencio, sin hacer un movimiento.

–Tómalas, no hay trampas. Son mías y te las doy a ti, que sé que las necesitas más que yo.

–¿Tú tienes más? —preguntó Diógenes.

–Sí, claro —contestó el rico—, muchas más.

–¿Y no te gustaría tener más de las que tienes?

–Sí, por supuesto que me gustaría.

–Entonces guárdate las monedas que me dabas, porque tú las necesitas más que yo.

Y cuentan algunos que el diálogo siguió así:

–Pero tú también tienes que comer y eso requiere dinero.

–Tengo ya una moneda —y la mostró—, y ésta me alcanzará para un tazón de trigo hoy por la mañana y quizá algunas naranjas.

–Estoy de acuerdo, pero también tendrás que comer mañana y pasado y al día siguiente, ¿de dónde sacarás el dinero mañana?

–Si tú me aseguras, sin temor a equivocarte, que yo viviré hasta mañana, entonces, quizá tome tus monedas...

Otra vez las monedas

Algo estaba pasando conmigo con todo este tema.

Me parecía que estaba por suceder algo importante y trascendente.

—Es un despertar —diagnosticó Jorge.

—¿El despertar? —pregunté.

—No, no EL despertar, sino UN despertar. La sensación que tengo de lo que me cuentas es como si estuvieras en la cama y ves por la ventana cómo aclara, te das cuenta de que llega la alborada y sientes que es la hora. Pero a pesar de todo, te quedas un ratito más remoloneando en la cama.

—Ah, sí, eso es lo que siento.

—Bueno, tranquilízate. Casi todos sentimos alguna vez, más o menos lo mismo.

—La verdad es que me alegro tanto de no ser el único. A pesar de que mal de muchos...

—¿Mal de muchos?

—El refrán: "Mal de muchos, consuelo de tontos".

—Mira qué cosa, esta pedantería de los porteños. Ese refrán es bien castizo, sólo que en España es un poquito diferente. El refrán originalmente es: MAL DE MUCHOS, CONSUELO DE *TODOS*.

—¿En serio?

—En serio. Sólo desde la soberbia se puede descalificar, acusando de tontos a los que nos sentimos mejor estando acompañados en el dolor, que estando solos en el dolor.

—Bueno, entonces, sintiéndome menos tonto, te confieso que me alivia lo que me dices. Yo creía que era un idiota por encontrarme en esta situación.

—No, POR ESO no eres idiota —ironizó el gordo.

—Basta, ¡eh!

—Bueno, basta. Ojalá sepas que yo no creo que seas idiota, ni siquiera confuso. Me parece que te resistes a aceptar que hay algunas áreas en las cuales evolucionaste más que en otras, y no te das cuenta de que eso es lo normal.

No se crece "parejo". Se puede ser muy maduro en algunas cosas y muy irresuelto en otras. Es lógico.

Por eso usé la analogía de UN despertar.

Despertamos a la verdad muchas veces, muchas, muchas veces. Quizá sea cierto que algunos pueden pasar por EL despertar y empezar a ver TODA la verdad de golpe. Pero yo no conozco ese camino, ni a nadie que lo haya recorrido...

Bueno, quizá sí. Es muy probable que Jesús, Buda o Mahoma hayan despertado.

—Pero yo no soy Jesús, ni Buda, ni...

—Y yo tampoco, así que no pretenderemos serlo. No sea cosa que entremos en el círculo del noventa y nueve con el despertar, en lugar de con las monedas.

—Ya que estamos, aquel día, en que me pudriste la cabeza con el círculo del noventa y nueve, me hiciste la diferencia entre aceptar y resistirse y me dijiste que eso era para otro cuento. ¿Me lo cuentas hoy?

–¿Por qué no?

Había una vez en las afueras de un pequeño pueblo, dos casas vecinas. En una, vivía un afortunado y acaudalado agricultor. Estaba rodeado de sirvientes y tenía acceso a todo lo que pudiera ocurrírsele.

En la otra, una casucha humilde, vivía un viejito de hábitos muy austeros, que usaba gran parte de su tiempo en trabajar la tierra y orar.

El viejo y el rico se cruzaban diariamente y cambiaban unas pocas palabras en cada encuentro. El rico hablaba de su dinero y el viejo hablaba de su fe.

–La fe... —se burlaba el rico. Si como dices, tu Dios es tan poderoso ¿por qué no le pides que te envíe suficiente como para no pasar las privaciones que atraviesas?

–Tienes razón —dijo el viejo y se metió en su casa.

Al día siguiente, al cruzarse, el viejo tenía una cara de felicidad como pocos.

–¿Qué te pasa, viejo?

–No es que me pase nada. Pero siguiendo tu consejo, le pedí a Dios esta mañana que me enviara cien monedas de oro.

–Ah, ¿sí?

–Sí, le dije que como yo había sido un buen hombre respetuoso de sus leyes, me merecía un premio y que elegía las monedas. ¿Te parece excesiva la cantidad?

–No importa qué me parezca a mí —dijo el rico, burlonamente. Lo que importa es que no le parezca de-

165

masiado a tu Dios, quizá él crea que tu premio es de veinte monedas o cincuenta u ochenta o noventa y dos, ¿quién sabe?

–Ah, no, Dios puede decidir si yo merezco el premio o no, pero mi pedido fue claro. Yo quiero cien monedas. No aceptaré veinte, ni treinta ni noventa y dos. Yo he pedido cien y no tengo dudas de que, si mi buen Dios se puede ocupar de mi pedido, lo hará. Él no regateará conmigo. Y yo no regatearé con Él. Cien es el pedido y cien Él mandará. Yo no pienso aceptar que mande ni una moneda menos.

–Ja, ja, tú sí que eres exigente —dijo el hombre rico.

–Así como él me exige, yo le exigiré —dijo el viejo.

–Yo no te creo capaz de rechazar veinte o treinta monedas que te mande tu Dios, sólo porque no son cien.

–Pues rechazaría cualquier suma inferior a cien. Sin embargo, si Dios cree que es poco y decide mandarme más, también evitaría quedarme con el resto.

–Ja, ja, estás totalmente loco y me quieres hacer creer este cuento de tu fe y tu determinación... ja, ja... me gustaría verte manteniendo esta postura, ja, ja...

Y cada uno se volvió a su casa.

Al rico, por alguna razón, este viejo lo alteraba.

Él no recibiría menos de cien monedas de oro, ¡qué caradura!

Él debía desenmascararlo. Y lo haría esa misma tarde.

Preparó en una bolsa noventa y nueve monedas de oro y se llegó hasta la casa del vecino.

Éste estaba de rodillas, en actitud de oración y rezaba:

-Dios, querido, ayúdame en mis necesidades. Creo tener derecho a esas monedas. Pero recuerda: son cien monedas. No quiero conformarme con lo que me mandes. Quiero cien exactas monedas...

Mientras el viejo rezaba, el rico subió al techo y mandó las monedas por el hueco de la chimenea. Luego bajó a espiar.

El viejo seguía de rodillas, cuando oyó el sonido metálico caer por el hueco de la chimenea. Lentamente se incorporó, se acercó a la chimenea, levantó la bolsita y le sacudió el hollín y la ceniza.

Después se acercó a la mesa y vació el contenido sobre la mesa. La pila de monedas apareció ante él. El viejo cayó de rodillas y agradeció al buen Dios el presente enviado.

Una vez terminada la oración, empezó a contar las monedas: ¡noventa y nueve!, eran noventa y nueve monedas.

El hombre rico seguía esperando, preparado para demostrar su teoría.

El viejo alzó la voz al cielo y dijo:

-Dios mío, veo que tu decisión es cumplir el deseo de este pobre viejo, pero veo también que en las arcas del cielo no había más que noventa y nueve monedas y no quisiste hacerme esperar por tan sólo una moneda. No obstante, tal como te he dicho, no quiero aceptar una moneda más que cien ni una menos...

"Es un imbécil", pensó el rico.

-...Por otro lado, eres para mí de absoluta confianza. Por ello y por única vez, voy a dejar a tu libertad el momento en que me mandarás la moneda que me debes.

–Traición —gritó el rico. ¡Hipócrita! —y a los gritos golpeó la puerta de su vecino.

–Eres un hipócrita —siguió diciendo. Dijiste que no ibas a aceptar menos de cien y ya estás embolsando esas noventa y nueve monedas como nada, mentiroso tú y tu fe en Dios.

–No sé cómo sabes de las noventa y nueve monedas —dijo el viejo.

–Lo sé porque yo te envié esas noventa y nueve monedas, sólo para demostrarte que eres un charlatán. No aceptaré menos de cien. Ja, ja...

–Y de hecho, no aceptaré. Dios me enviará la última cuando y como Él lo decida.

–Él no te enviará nada, porque el que mandó estas monedas, como te dije, fui yo.

–No discutiré si tú fuiste o no el instrumento que usó Dios para satisfacer mi pedido. Pero el caso es que este dinero cayó por mi chimenea mientras yo lo pedía y es mío.

El hombre rico cambió su sonrisa por un gesto adusto:

–¿Cómo que es tuyo? Esta bolsa y estas monedas son mías, yo las envié.

–Los designios de Dios son incomprensibles para el ser humano —dijo el viejo.

–Maldito seas, tú y tu Dios, devuélveme mi dinero o te haré comparecer ante un juez y perderás también lo poco que tienes.

–Mi único juez es mi Dios. Pero si te refieres al juez en el pueblo, no tengo inconveniente en poner en sus manos el problema.

–Bien, vamos, entonces.

-Vas a tener que esperar a que compre un carruaje, porque ahora no tengo y un viejo como yo no puede darse el lujo de peregrinar hasta el pueblo.

-Nada de esperar. Yo te ofrezco mi carruaje.

-Realmente, agradezco tu actitud. En todos estos años nunca me habías ayudado en nada. Bien, de todas maneras deberemos esperar que pase un poco el invierno, hace mucho frío y mi salud no soportaría llegar al pueblo sin tener un buen abrigo.

-Estás tratando de dilatar el tema —dijo el rico furioso. Te daré mi propio abrigo de pieles, para que puedas viajar. ¿Qué otra excusa tienes?

-En ese caso —dijo el viejo—, no puedo negarme.

El viejo se abrigó con las pieles, subió al carruaje y partió hacia el pueblo, seguido por el hombre rico, en otro coche.

Llegados allí, el hombre rico se apresuró a pedir audiencia y cuando el juez los hizo pasar, le contó en detalle su plan para desacreditar la fe del viejo, cómo había puesto las monedas, y cómo el viejo se había negado a devolvérselas.

-¿Qué tienes para decir, viejo? —preguntó el juez.

-Señoría, mucho me extraña tener que estar aquí, para confrontar con mi vecino por este tema. Este hombre es el más rico de la ciudad, nunca ha demostrado ser solidario, nunca ha tenido una actitud caritativa con los demás. No creo que sea necesario que yo argumente en mi defensa. ¿Quién podría creer que un hombre avaro como éste va a poner casi cien monedas en una bolsa y las va a arrojar por la chimenea del vecino? Me parece claro que el pobre hombre me espiaba y al ver mi dinero, su codicia le hizo inventar esta historia.

–¡Inventar! Viejo maldito —gritó el rico. Tú sabes que todo es como yo digo. Ni tú te crees esa patraña de Dios enviándote monedas. Devuélveme la bolsa.

–Evidentemente, señoría, el hombre está muy perturbado.

–Claro, me perturba que me roben. Te exijo que me des esa bolsa.

El juez estaba asombrado, los argumentos de ambos lo obligaban a tomar una decisión, pero ¿cuál sería la justa decisión?

–Devuélveme mi dinero, viejo tramposo —decía el rico—, ese dinero es mío, sólo mío.

En un momento, el rico saltó la baranda de madera que los separaba e intentó, fuera de sí, arrebatar la bolsa al viejo.

–¡Orden! —gritó el juez. ¡Orden!

–Lo ve, señor juez. La codicia lo enloquece. No me extrañaría que, si consigue la bolsa, empezara a decir que también el carro en el que vine es suyo.

–Claro que es mío —se apresuró a decir el rico—, yo te lo presté.

–Lo ve usted, señoría. Lo único que falta es que quiera ser el dueño de mi propio abrigo.

–¡Por supuesto que soy el dueño! —gritó, ya descontrolado el rico. Es mío, todo es mío: la bolsa, el dinero, el carruaje, el abrigo... todo es mío... todo.

–¡Alto! —dijo el juez, que ya no tenía dudas.

–¿No te da vergüenza querer sacarle lo poco que tiene este pobre viejo?

–Pe... pero...

–Sin peros. Eres un codicioso y un aprovechador —siguió el juez. Por haber intentado estafar a este pobre viejo, te condeno a una semana en la cárcel y a pagarle a tu vecino quinientas monedas de oro en compensación.

–Perdón, su señoría —dijo el viejo. ¿Puedo hablar?

–Sí, anciano.

–Yo creo que el hombre ha aprendido la lección. Yo te pido, a pesar de ser mi adversario, que le levantes la condena y que le impongas sólo una multa simbólica.

–Eres muy generoso, anciano. ¿Qué propones, cien monedas más, cincuenta?

–No, señor juez, yo creo que con sólo una moneda será suficiente castigo.

El juez golpeó con su martillo la mesa y sentenció:

–Gracias a la generosidad de este hombre y NO porque sea el deseo de la corte, se impone al acusador una simbólica multa de una moneda de oro, que deberá ser pagada de inmediato.

–¡Protesto! —dijo el rico. ¡Me opongo!

–Salvo que el sentenciado rechace esta gentil propuesta de este buen hombre y prefiera la sentencia no tan benévola de esta corte.

El hombre rico, resignado, sacó una moneda y la entregó al anciano.

–Asunto terminado —dijo el juez.

El rico salió corriendo a su carruaje y se marchó del pueblo.

El juez saludó al viejo y también se retiró.

Éste alzó los ojos al cielo y dijo:

–Gracias Dios, ahora sí, no me debes nada.

–Quizá ahora, Demián, puedas tener todos los elementos para completar tu despertar sobre la aceptación y la lucha.

Es como dijo el gordo: RESIGNARSE ES UNA COSA Y ACEPTAR ES OTRA.

El reloj parado a las siete

¡Transitaba un tiempo tan luminoso!

Sentía dentro de mí, el bullir del crecimiento.

Y no sólo incorporaba conocimientos sino que, sin tratar de ser modesto, me sentía cada vez más sabio, más esclarecido y más ubicado.

Todo era fantástico y aun con las cosas que no eran como me hubiera gustado, yo tenía una actitud de calmada aceptación y por eso sentía que podía enfrentarme con las dificultades, con las mejores posibilidades.

—Esto es genial, gordo. ¿Tú vives así todo el tiempo?

—Contéstate —respondió el gordo.

—Pues, si esto es parte del despertar, tú, que tienes por lo menos más despertares en tu historia que yo, debes vivir así todo el tiempo.

—No —contestó Jorge. No todo el tiempo.

—Ya que aprendí el "Mal de muchos consuelo de todos" te pregunto: ¿a los demás, a la mayoría, también le pasa esto de momentos de luz y momentos de oscuridad?

—Yo creo que sí... y quizá por eso, desde hace un

rato viene a mi memoria un cuento de Papini. Se llama "El reloj parado a las siete".

–¿Me lo cuentas?

–Sí, aunque contar un cuento tan fantásticamente escrito como ése, es robarle más de las tres cuartas partes de su hermosura, pero... en fin.

Este cuento de Papini es un monólogo de un personaje que escribe en la soledad de su cuarto.

Hay en una de las paredes de mi cuarto un hermoso reloj antiguo que ya no funciona. Sus manecillas detenidas casi desde siempre, señalan imperturbables la misma hora: las siete en punto.

Casi todo el tiempo, el reloj es sólo un inútil adorno en una blanquecina y vacía pared.

Sin embargo, hay dos momentos en el día, dos fugaces instantes en que el viejo reloj parece resurgir de sus cenizas como un ave fénix.

Cuando todos los relojes de la ciudad, en sus enloquecidos andares marcan las siete y los cu-cu y los gong de las demás máquinas hacen sonar por siete veces su repetido canto, el viejo reloj de mi habitación parece cobrar vida. Dos veces por día, a la mañana y a la noche, el reloj se siente en absoluta armonía con el resto del universo.

Si alguien mirara el reloj solamente en esos dos momentos, diría que funciona a la perfección...

Pero pasado ese instante, cuando los otros relojes han acallado su canto y las manecillas siguen sus monótonos caminos, mi viejo reloj pierde su paso y permanece fiel a aquella hora que alguna vez detuvo su andar.

Y yo amo ese reloj, y cuanto más hablo de él, más lo amo, porque cada vez me siento más parecido a él.

También yo estoy parado en un tiempo, también yo me siento clavado e inmóvil, también yo soy de alguna manera un adorno inútil en una pared vacía.

Pero tengo también fugaces momentos en que, misteriosamente, llega mi hora.

Durante esos tiempos, yo siento que *vivo*. Todo está claro y el mundo se transforma en maravilloso. Yo puedo crear, soñar, volar, decir y sentir más cosas en esos instantes que en todos los otros momentos. Estas conjunciones armónicas se dan y se repiten una y otra vez, como una secuencia inexorable.

La primera vez que lo sentí, traté de aferrarme a ese instante creyendo que podría hacerlo durar para siempre. Pero no fue así. Como a mi amigo el reloj, también a mí se me escapa el tiempo de los otros.

...Pasados estos momentos, los otros relojes que anidan en otros hombres, continúan su giro y yo vuelvo a mi rutinaria muerte estática, a mi trabajo, a mis charlas de café, a mi aburrido andar que acostumbro a llamar vida.

Pero yo sé que la vida es otra cosa.

Yo sé que la vida, la vida de verdad es la suma de aquellos momentos que, aunque fugaces, nos permiten percibir la sintonía con el universo.

Casi todo el mundo, pobre, cree que vive.

Sólo hay momentos de plenitud y aquellos que no lo sepan e insistan en querer vivir siempre, quedarán condenados al mundo del gris y repetitivo andar de la cotidianidad.

Por esto te amo, viejo reloj, porque somos la misma cosa tú y yo.

–Esto, Demián, es la paupérrima expresión de una joya literaria de Papini que alguna vez te pido que leas. Lo traje hoy, sólo para mostrarte en una metáfora genial, que quizá todos vivamos sólo en la armonía de algunos momentos. Quizá, ahora, en este presente, la hora de la verdadera vida coincide con tu propia hora. Si así fuera, disfrútala Demián, quizá se pase... demasiado pronto...

Algún tiempo después leí el cuento original de Papini: "El reloj parado a las siete". Como el gordo decía, era una joya. No obstante, hoy con el libro en mi biblioteca no puedo olvidarme de aquel relato de Jorge, tal vez menos rico en los giros y en las imágenes pero tan útil para mí en ese momento, como gozoso fue el original, años después...

Las lentejas

Otra vez mi terapeuta no se equivocó. El instante de luminosidad y armonía absoluta pasó y aparecieron otra vez mis eternos cuestionamientos sobre la verdad, sobre los otros y sobre mí mismo.

Un hecho aparentemente trivial me tenía en absoluto interrumpido: por tercera vez en un año, un compañero de oficina recibía más aumento que yo. Me consideraba a mí mismo un juez bastante objetivo de mi trabajo y sabía que lo hacía bastante bien. Para colmo, tenía la certeza de que era yo mucho más idóneo y eficiente que mis compañeros.

–Lo que pasa es que Eduardo es un oreja.

–¿Un qué?

–Un oreja, un adulador...

–Extraña manera de actuar ésta que se define sólo desde palabras lunfardas.

–Él está siempre detrás del jefe mostrándole lo que hace, lo que consiguió, lo que le salió bien y minimizando lo que no pudo resolver. Y el otro tarado se da cuenta, seguro que se da cuenta; lo que pasa es que el tiempo en que no está mostrando sus logros, está adulando al jefe.

–Y parece que el jefe es vulnerable en esa ala.

–Seguro, porque por supuesto a la hora de dar un beneficio, el adulador sale premiado.

–¿Y, hablaste con tu jefe?

–Sí, claro. Él dice que yo soy muy cuestionador, que tengo mal carácter y que eso disminuye mi puntaje.

–Dicho de otra manera. Dice, según tú lo planteas, que si fueras obsecuente como Eduardo tu premio sería más promoción, más puntaje y más sueldo.

–Así parece.

–Bueno, entonces está claro. Sabes cuál es el objetivo, sabes cuál es el camino, tienes la posibilidad y la capacidad de reconocerla. ¿Qué más quieres? El resto es tu decisión.

–Me niego.

–¿Te niegas a qué?

–Me niego a tener que decir a todo que sí, para conseguir unos mangos más...

–Me parece bien, Demi, pero no creas que esto sucede sólo en el trabajo.

–Yo no veo la relación con lo que pasa en otras áreas; pero mi experiencia contigo es que nunca nada es "sólo en un lugar", así que no sé si es sólo en el trabajo, no sé.

–Cuando Ricardo no te eligió para la presentación en la facultad y eligió a Juan Carlos, ¿tu sensación no fue la misma?

–Sí.

–Y cuando me contaste, hace unos meses, que tu amiga Liliana se alejó de ti, porque prefería la compañía de los que no le decían lo que no le gustaba oir... ¿no era lo mismo?

–¡Sí! es lo mismo... Al final para no quedarte solo, tienes que forzarte a ser el que no eres.

–En primera persona, por favor...

–Si no quiero quedarme solo, tengo que adular, tengo que dar la razón, tengo que ser suave y tibio, tengo que callarme la boca o abrirla nada más que para decir que sí...

–Sin duda ése es un camino, el otro es el de Diógenes.

–¿Qué es "el de Diógenes"?

–El camino de Diógenes.

–No sé qué es el camino de Diógenes.

Un día, estaba Diógenes comiendo un plato de lentejas sentado en el umbral de una casa cualquiera.

No había nada en toda Atenas más barato en comida que el guiso de lentejas.

Dicho de otra manera, comer guiso de lentejas era definirse en estado de la mayor precariedad.

Pasó un ministro del emperador y le dijo:

–¡Ay! Diógenes, si aprendieras a ser más sumiso y a adular un poco al emperador, no tendrías que comer tantas lentejas.

Diógenes dejó de comer, levantó la vista y mirando al acaudalado interlocutor profundamente, le dijo:

–Ay de ti, hermano. Si aprendieras a comer un poco de lentejas, no tendrías que ser sumiso y adular tanto al emperador.

Éste es el camino de Diógenes, el del autorrespeto, el de defender nuestra dignidad por encima de nuestras necesidades de aprobación.

Todos necesitamos la aprobación de otros. Pero si el precio es dejar de ser nosotros mismos, no sólo es caro sino que se vuelve una búsqueda incoherente.

Empezamos a parecernos a aquel hombre que buscaba por todo el pueblo su mula, mientras iba cabalgando... en su mula.

El rey que quería ser alabado

–Estaba pensando y me di cuenta de que hay muchas cosas por las que pago muy caro. Y esto no me deja sentirme muy bien.

Tengo la sensación de estar atrapado en una rueda, de la cual no puedo salir. ¿Cómo se puede hacer para saber con anticipación si el precio a pagar por algo es caro, barato o justo? Con las cosas materiales es fácil porque hay un precio más o menos establecido, pero con todo lo demás, ¿cuál es la medida?

–Parece que habría que empezar por saber qué quiere decir caro, qué significa pagar caro.

–Pagar caro es pagar mucho.

–Tomálo desde lo material: ¿cien mil dólares es mucho?

–Sí, claro.

–Entonces, un avión Jumbo que se vende en cien mil dólares sería caro.

–Y, depende para quién. Para mí, ¡sí!

–¿Por qué?

–Porque yo no tengo cien mil dólares. Ni los puedo conseguir.

–No, Demi, tú estás confundiendo caro con costoso. Un Jumbo que se venda en cien mil dólares es barato, tengas el dinero o no.

–Entonces, ¿cómo es?

–Lo que determina que algo sea caro o barato es la comparación entre el precio (lo que cuesta) y el valor (lo que vale). No entre lo que cuesta y lo que tienes.

Es caro, Demi, aquello que cuesta más de lo que vale.

–Más de lo que vale... Claro, por eso hay muchas cosas por las que siento que estoy pagando caro... Ahora entiendo.

–El valor de las cosas que no son materiales —siguió Jorge— (y a veces el de éstas también) es tan subjetivo que solamente uno mismo puede definir si un determinado precio es justo o no.

Pero hay bienes preciados que todos poseemos y no sé si sabemos evaluar. Uno de ellos es la dignidad. Me parece que la propia dignidad, el autorrespeto como te dije alguna vez, son tan valiosos que pagar con ellos es siempre demasiado caro.

Hubo una vez un rey a quien la vanidad había vuelto loco (la vanidad siempre termina por volver loca a la gente).

Ese rey mandó construir, en los jardines de su palacio, un templo y dentro del templo hizo poner una gran estatua de sí mismo en posición de loto.

Todas las mañanas después del desayuno, el rey iba a su templo y se postraba ante su imagen orándose a sí mismo.

Un día decidió que una religión que tuviera un

solo seguidor no era una gran religión, así que pensó que debía tener más adoradores.

Decretó entonces que todos los soldados de la guardia real se postraran ante la estatua por lo menos una vez al día. Lo mismo debían hacer todos los servidores y los ministros del reino.

Su locura crecía a medida que pasaba el tiempo y, no conforme con la sumisión de los que lo rodeaban, dispuso un día que la guardia real fuera al mercado y trajera a las tres primeras personas con las que se cruzaran.

Con ellas, pensó, demostraré la fuerza de la fe en mí. Les pediré que se inclinen ante mi imagen. Si son sabios, lo harán y si no, no merecen vivir.

La guardia fue al mercado y trajo a un intelectual, a un sacerdote y a un mendigo que eran, en efecto, las tres primeras personas que encontraron.

Los tres fueron conducidos al templo y allí el rey les dijo:

—Ésta es la imagen del único y verdadero Dios, postraos ante ella o vuestras vidas serán ofrecidas como sacrificio ante él.

El intelectual dijo:

—El rey está loco y me matará si no me inclino. Éste es evidentemente un caso de fuerza mayor. Nadie podría juzgar mal mi actitud a luz de que fue hecha sin convicción, para salvar mi vida y en función de la sociedad a la cual me debo —y dicho esto se postró ante la imagen.

El sacerdote dijo:

—El rey ha enloquecido y cumplirá su amenaza. Yo soy un elegido del verdadero Dios y por lo tanto mis actos espirituales santifican el lugar donde esté. No importa cuál sea la imagen, será el verdadero Dios aquel a quien yo esté honrando.

Y se arrodilló.

Llego el turno del mendigo, que no hacía ningún movimiento.

—Arrodíllate —dijo el rey.

—Majestad, yo no me debo al pueblo, que en realidad la mayor parte de las veces me corre a patadas de los umbrales de sus casas. Tampoco soy el elegido de nadie, salvo de los pocos piojos que sobreviven en mi cabeza. Yo no sé juzgar a nadie ni puedo santificar ninguna imagen; y en cuanto a mi vida, no creo que sea un bien tan preciado como para hacer ridiculeces para conservarla... Por lo tanto, mi señor, no encuentro ninguna razón valedera para arrodillarme aquí...

Dicen que la respuesta del mendigo conmovió tanto al rey, que éste se iluminó y comenzó a revisar sus propias posturas.

Sólo por ello, cuenta la leyenda, el rey se curó y mandó remplazar el templo por una fuente y la estatua por enormes canteros con flores.

Los diez mandamientos

Así como aquel rey del cuento se iluminó con el monólogo del mendigo, y no pudo evitar revisar toda su vida, así, pero "congelado" quedé yo, después de la última sesión.

Otra vez sentí que una cortina se descorría y dejaba a la vista una infinidad de situaciones, hechos, pensamientos y posturas que pasaban desordenadamente por mi cabeza...

Uno tras otro..., uno tras otro..., uno tras otro...

Sentía que toda mi historia personal cambiaba de significado, a partir de descubrir el sentido de "caro" y "barato".

¡Cuántas cosas había en mi historia que había pagado demasiado caro...!, ¡y cuántas cosas había recibido, sin darme cuenta de cuán barato las había conseguido...!

Avaricia y derroche, dos puntas de un mismo error...

El miserable y el pródigo... dos yo anidando en mí, conviviendo dentro de mí, apareados tratando de diferenciarse y a la vez de competir, de aparecer, de dominar...

¡El juego de las polaridades del que tanto habla Jorge!

Qué loca idea esta de que TODO va por el mundo de a dos.

Cada cosa con su opuesto.

—Cada doctor Jekill con su señor Hyde...

—¿Siempre es así? —le pregunté a Jorge.

—Sí, Demián, siempre, porque el mundo en el que vivimos es un enorme yin-yang: dos partes que configuran un todo único e indivisible, dos mitades que se pueden diferenciar únicamente para comprenderlas, pero que no tienen existencia independiente... Mira...

Y el gordo se levantó y fue hasta el clóset, abrió la puerta y empezó a revolver el lío de cosas que había adentro, hasta que sacó una linterna. Pulsó el percutor y como la linterna no encendía, le pegó tres o cuatro golpes hasta que la linterna encendió. Después apagó la luz de la habitación y alumbró con la linterna hacia la ventana que estaba con las persianas bajas.

—¿Ves el rayo de luz? —me preguntó.

—Sí, claro.

—¿Por qué?

—Porque la linterna está prendida (?) —contesté obviamente sin saber adónde iba Jorge.

—Ahora levanta la persiana.

Lo hice.

—¿Y ahora? —preguntó con la linterna dirigida hacia la ventana por donde entraba, plena, la luz del sol del mediodía.

—Y ahora ¿qué? —pregunté.

—¿Ahora, la linterna está prendida o no?

—No sé.

–Cómo, ¿no ves la luz?

–No, ahora no.

–¿Sabes por qué?

–Ehh... porque... el sol... —intenté empezar a explicar.

–No puedes verla, porque para que puedas percibir la luz hace falta la oscuridad. ¿Entonces? Las cosas SON sólo si existe el opuesto. Y eso es así con la luz y la oscuridad, con el día y la noche, con lo masculino y lo femenino, con la fuerza y la debilidad...

El gordo apagó la linterna, la tiró adentro del clóset, se sentó y siguió, casi extasiado:

–Esto es así en el mundo del afuera y, por supuesto, lo es también en el mundo del adentro.

¿Cómo podríamos nosotros percibir nuestras partes más sólidas si no existieran, dentro de nosotros, debilidades?

¿Cómo podríamos aprender sin nuestra ignorancia?

¿Cómo podríamos ser varones o mujeres, si no existieran mujeres y varones?... Y aún más ¿cómo pensar que nacemos siendo ciento por ciento niños o niñas, si portamos en cada célula de nuestro cuerpo cincuenta por ciento de información de un sexo y cincuenta por ciento de información del otro?

Todas nuestras cualidades, condiciones, virtudes y defectos están en nosotros, apareados con sus correspondientes opuestos. Quiero decir que ninguno de nosotros es sólo bueno, ni sólo inteligente, ni sólo valiente. Nuestra bondad, inteligencia y valentía coexisten siempre con nuestra maldad, con nuestra estupidez y con nuestra cobardía.

Todos hemos escuchado que los que se sienten superiores y tratan de mostrarlo, en realidad deben creerse bastante inferiores, y es cierto.

Exactamente lo mismo sucede con nuestras otras características: cada vez que un rasgo se manifiesta por sobre todos los demás, no siempre es síntoma de que en nosotros predomina ese rasgo, sino que muchas veces este predominio es solamente la expresión de un gran trabajo con el que la otra polaridad ha sido escondida, evitada, resistida, reprimida.

—Pero entonces, si lo que dices fuera cierto, detrás de cada buen tipo se esconde siempre un hijo de puta reprimido —interrumpí indignado.

—Yo no me atrevería a decir que siempre es así, sólo digo que a veces es así... Y si me apuras un poco, digo también que ese buen tipo tuvo que hacer algo con ese mal tipo que también anida en él. Y que ese "algo" que hizo no fue gratis, tuvo un costo para él. Quizá lo que te estoy diciendo es que lo importante es saber *qué cosas escondo y para qué lo hago*.

—¡Ay! —me quejé.

—Ya que estás al principio de un berrinche, te voy a contar un cuento, antes de que te vayas.

Y... sucedió que un día en las puertas del cielo, se juntaron algunos cientos de almas, que eran las que anidaban en los hombres y mujeres que habían muerto ese día...

San Pedro, supuesto guardián de las puertas de entrada al paraíso, ordenaba el tráfico:

—Por indicación del "Capo" vamos a formar tres

grandes grupos de huéspedes, a partir de la observancia de los diez mandamientos: el primer grupo, con aquellos que hayan violado todos los mandamientos por lo menos una vez.

El segundo grupo con aquellos que hayan violado por lo menos uno de los mandamientos alguna vez.

Y el último grupo, que suponemos el más numeroso, compuesto por aquellos que nunca en sus vidas hayan violado ni uno de los diez mandamientos.

–Bien —siguió san Pedro. Los que hayan violado todos los mandamientos, háganse a la derecha.

Más de la mitad de las almas se hicieron a la derecha.

–Ahora —proclamó—, de los que quedan, aquellos que hayan violado alguno de los mandamientos, háganse hacia la izquierda.

Todas las almas que quedaban se desplazaron a la izquierda...

Casi todas...

De hecho todas, menos una.

Quedó en el centro el alma que había sido de un buen hombre, que vivió toda su vida en el camino de los buenos sentimientos, de los buenos pensamientos y de las buenas acciones.

San Pedro se sorprendió, solamente un alma quedaba en el grupo de las mejores almas.

De inmediato, llamó a Dios para notificarlo.

–Mira, el asunto es así: si seguimos el plan original ese pobre tipo que quedó en el centro, en lugar de beneficiarse por su beatitud, se va a aburrir como una ostra en la soledad más extrema. Me parece que debemos hacer algo al respecto.

Dios se paró frente al grupo y les dijo:

–Aquellos que se arrepientan ahora serán perdonados y sus fallas olvidadas. Los que se arrepientan pueden volver a reunirse en el centro, con las almas puras e inmaculadas.

Poco a poco, todos empezaron a moverse hacia el centro.

–¡Alto! ¡Injusticia! ¡Traición! —se escuchó una voz.

Era la voz del que no había pecado.

–¡Así no vale! ¡Si hubieran avisado que iban a perdonar, yo no me cagaba la vida!...

El gato del ashram

–Gordo, ¿qué pasa si te digo que me quiero tomar unas vacaciones?

–¿Qué pasa con qué?

–¿Qué pasa con nosotros? ¿Con el tratamiento?

–No entiendo, Demi...

–La pregunta es: ¿puedo yo decidir tomarme unas vacaciones de terapia?

–Mira, no sé qué me estás preguntando. Voy a entender la única cosa lógica que se me ocurre. Si me estás preguntando si estás en condiciones de prescindir de tu terapia por un tiempo, te contesto que en este momento por supuesto que sí. Es más, creo de corazón que estás en condiciones de seguir tu camino solo cuando lo decidas.

La sonrisa con que el gordo decía esto, era lo único tranquilizador de la conversación. Yo venía a pedir permiso y me encontraba con un Jorge que, más que permiso, parecía alentarme para que me fuera.

–Dime, ¿me estás corriendo, gordo? —pregunté para reasegurarme.

–Demián, ¿estás loco? Vienes a decirme si puedes tomarte vacaciones y cuando te digo que sí, me preguntas si te estoy corriendo... ¿Qué respuesta estabas esperando?

—La verdad, Jorge, es que estoy tan acostumbrado a las respuestas jodidas de tus colegas, que tanta "laxitud" me sorprendió...

—¿Me quieres contar con qué fantasías venías?

—La más suave es que, como les ha pasado a todos los que conozco, la primera reacción del terapeuta es la de interpretar todo el tema de la partida como una resistencia al tratamiento.

—¡Tú no podías esperar de mí una interpretación!

—Desde la lógica no, pero era una posibilidad. Otra era que me cagaras a gritos, que te enojaras conmigo y que me corrieras.

—Ahhh. Ahora sí te interpreto: "...Y así confirmar qué importante eras para mí, cuánto me duele tu partida, y cómo yo no podría soportar ¡la idea de perderte!".

Me sentía desnudado.

—Bueno, confieso —siguió el gordo. sí me importa de ti, porque te quiero mucho, NO me duele que partas, porque creo que es una elección tuya y la verdad (lamento decirte), sí puedo soportarlo... Y decididamente, no me enojo y no te corro.

—Y la otra posibilidad... —paré.

—¿Y la otra posibilidad...? —me animó el gordo.

—La otra posibilidad es que dejes que me vaya, como estás haciendo.

—¿Y cuál es el problema?

—En esto, nada.

—Cada vez entiendo menos.

—¿Y después?

—Y después...

–¿Cuando quiera volver?

–Cuando quieras volver, ¿qué?

–¿Puedo?

–¿Por qué no podrías, Demián?

–Porque todos mis amigos que han hecho terapia, me han contado historias terribles sobre estas sesiones de interrupción. Desde veladas amenazas de recaídas, hasta francas anticipaciones de catástrofe. Desde dudas sobre la posibilidad de conseguir horario, hasta la marca estigmática de que "paciente que se va no puede volver".

–Ahhh!... Ahora entiendo de dónde el planteamiento era tan cauteloso. En lo que a mí respecta, puedes tomarte vacaciones de mí cada vez que quieras y puedes volver aquí, cada vez que se te ocurra. El límite es el de la situación cómoda para ambos, el de la utilidad de la tarea según el modelo terapéutico y, por supuesto, depende del momento evolutivo del paciente.

El gordo hizo una pausa para el mate.

–Lo que sucede es que, como siempre, de una pauta realmente útil en ciertas circunstancias, se ha hecho una generalización absurda.

–¿Cómo siempre?

–Como muchas veces... ¿Te cuento un cuento?

Había una vez, un gurú que vivía con sus seguidores en su ashram en la India.

Una vez por día, al caer el sol, el gurú se reunía con sus discípulos y predicaba.

Un día, apareció en el ashram un hermoso gato que seguía al gurú por dondequiera que él fuera.

Resultó que cada vez que el gurú predicaba, el gato se paseaba permanentemente por entre los discípulos, distrayendo su atención de la charla del maestro.

Por eso, un día, el maestro tomó la decisión de que cinco minutos antes de empezar cada charla, ataran al gato para que no interrumpiera.

Pasó el tiempo, hasta que un día el gurú murió.

El discípulo más viejo se transformó en el nuevo guía espiritual del ashram.

Cinco minutos antes de su primera prédica, mandó a atar al gato.

Sus ayudantes tardaron veinte minutos en encontrar al gato, para poder atarlo...

Pasó el tiempo, hasta que un día murió el gato.

El nuevo gurú mandó que consiguieran otro gato para poder atarlo.

El detector de mentiras

–¡Me revienta! —me quejé.

–¿Qué te revienta, Demián?

–¡Que me mientan! ¡Me revienta que me mientan!

–¿Y por qué estás tan enojado con la mentira? —preguntó Jorge, como si yo me estuviera quejando de que la lluvia es mojada...

–¿Cómo por qué? ¡Porque es horrible! Me molestan los que me engañan, los que me estafan, los que me enroscan con sus fabulaciones.

–¿Te enroscan? ¿Cómo hacen para enroscarte?

–Mienten. Eso hacen.

–Pero eso no alcanza, Demi, ellos podrían mentir de hoy hasta mañana y tú divertirte mirándolos contar sus historias...

–Pero yo me engancho, Jorge. Yo confío, yo les creo, cualquier estúpido se acerca a inventar una tontería y yo le creo. ¡Soy un imbécil!

–¿Y por qué les crees?

–Porque... porque..., no sé por qué mierda les creo. ¡La puta que los parió! —grité. No sé... No sé...

El gordo se quedó un rato mirándome en silencio y después agregó:

–Tú ya sabes que sería bueno no enojarse. Pero

por ahora, ya que estás enojado, lo mejor debe ser dejarte enojar y hacer algo con la bronca.

Yo sabía a qué se refería el gordo.

Jorge decía que la bronca, el amor o la pena son sólo las pilas del cuerpo; que el sentimiento es la energía que antecede al movimiento; que la emoción no es nada sin la acción, que intentar desconectarlas es alienarse, perderse, descentrarse...

...Y yo estaba haciendo eso. Tratando de controlar el desborde al que el tema me empujaba.

Mi terapeuta se tiró al piso, acercó un almohadón enorme y lo acomodó frente a él. Sin decir una palabra, dio algunas palmaditas sobre el almohadón invitándome a trabajar con él.

Yo conocía la tarea que Jorge me proponía. En silencio, me senté del otro lado del almohadón y empecé a golpear sobre él con los puños.

Cada vez más.

Cada vez más.

Cada vez más.

Pegué... y pegué... y pegué.

Y después grité.

Y maldije.

Y seguí pegando.

Y pegando...

Y pegando...

Hasta que me desplomé jadeando y exhausto...

El gordo me dejó recuperar el aliento y después me puso una mano en el hombro y preguntó:

—¿Mejor?

—No —dije. Quizá más liviano, pero mejor no.

–Son criterios —dijo Jorge—, yo creo que siempre es mejor alivianar una carga...

Me apoyé en su pecho por un rato y me dejé contener.

Algunos minutos después Jorge preguntó:

–¿Quieres contarme qué te pasó?

–No, gordo. No. El hecho anecdótico no es importante. Tengo ahora la lucidez de darme cuenta, al menos de eso. Lo que necesito es saber *qué me pasa a mí* con este tema. Siento que me pongo demasiado loco.

–Bueno, empecemos por algún lado. Trata de decirme sintéticamente cuál crees o sientes que es el problema.

Yo me acomodé en el piso, hice un poco de ruido con la nariz e intenté empezar:

–Lo que pasa, es que cuando yo... —el gordo no me dejó seguir.

–No, no, no. Enúncialo como si fuera un telegrama, como si decir cada palabra te costara una fortuna... vamos.

Pensó un poco.

–Me molesta que me mientan —dije al fin.

Estaba satisfecho.

Ésta era la frase.

Cinco palabras.

Era un mensaje realmente sintético.

Miré al gordo.

...Silencio...

Decidí hacer una inversión y agregar un gasto adicional para darle más realismo:

–¡Me molesta muchísimo que me mientan! Eso.

197

El gordo sonrió y puso esa cara de abuelo comprensivo que ponía Jorge, y que yo interpretaba a veces como "qué estúpido eres, niño" y otras, como un enorme abrazo que decía "aquí estoy" o "está todo bien".

—¡Me molesta! —ratifiqué.

—Que te mientan —terminó Jorge.

—¡Que me mientan! —dije.

—Que *te* mientan —remarcó.

—Sí. Que *me* mientan —yo no entendía adónde iba Jorge.

—¿De qué te ríes? —le pregunté al fin.

—No me río, sonrío...

—¿Qué pasa? —pregunté. No entiendo nada.

—Yo conozco ese lugar donde estás parado... Y no lo conozco por haberlo leído en ningún lado. Lo conozco por haber estado parado ahí gran parte de mi vida... Sonrío por simpatía, por identificación, por reconocer a un otro yo mismo de otro tiempo, por encontrarlo en tu postura...

—No me sirve, gordo, no me alcanza con saber que tú pasaste por acá. No me consuela saber que ésta es la calle más transitada del planeta. ¡Hoy no me basta!

El gordo seguía con su cara de Buda complacido.

—Ya sé, yo sé que no te basta, pero ¿ya te vas?

—No, ¡no me voy!

—Bueno entonces calma, quisiste saber por qué sonreía y quise contarte, eso es todo...

Jorge volvió a su sillón.

—Te molesta que te mientan.

—¡Sí!

–¿Y qué te hace pensar que te mienten?

–¿Cómo "qué me hace pensar"? Me dicen algo que descubro, antes o después, que no es verdad.

–Ah, pero tú estás confundiendo decir la verdad con no mentir.

–¿Cómo? ¿No es lo mismo?

–¡Para nada!

La línea formalmente lógica de mi pensamiento se había estrellado contra una pared de granito... Mi único consuelo era pensar que si, como decía siempre Jorge, la confusión es la puerta de entrada a la claridad, yo debía estar en los umbrales de la luz suprema porque no entendía un carajo.

–¡Claro! —empezó Jorge.

–¡Claro para ti! —intervine. El gordo se rio con ganas. Y siguió. Decir la verdad o no, es independiente del hecho de mentir.

Te pongo un ejemplo:

Hace muchos años, cuando apareció en el mundo el Detector de Mentiras, todos los abogados y los estudiosos de la conducta humana estaban fascinados. El aparato está basado en una serie de sensores que detectan las variaciones fisiológicas de sudoración, contracturas musculares, variaciones de pulso, temblores y movimientos oculares que se producen en un individuo cualquiera cuando miente.

En aquel entonces las experiencias con La Máquina de la Verdad, como se le llegó a llamar, proliferaban por doquier.

Un día, a un abogado se le ocurrió una exploración

muy particular. Trasladó la máquina al hospital psiquiátrico de la ciudad y sentó en él a un interno: J. C. Jones. El señor Jones era un psicótico y como parte de su delirio aseguraba que él era Napoleón Bonaparte. Quizá por haber sido estudiante de historia, conocía a la perfección la vida de Napoleón y enunciaba con exactitud y en primera persona pequeños detalles de la vida del Gran Corso, en secuencia lógica y coherente.

A este señor J. C. Jones se le sentó en el detector de mentiras y luego de una rutina de calibración, se le preguntó.

–¿Usted es Napoleón Bonaparte?

El paciente pensó un instante y después contestó:

–¡No!, ¿cómo se le ocurre? Yo soy J. C. Jones.

Todos sonrieron, salvo el operador del detector que informó ¡que el señor Jones MINTIÓ!

La máquina demostró que cuando el paciente dijo la verdad (que era Jones) estaba mintiendo (...¡él creía que era Napoleón!).

Yo soy Peter

El asunto del que mentía cuando decía la verdad y su lógica contrapartida, esto es, la posibilidad de ser veraz diciendo falsedades, terminó de desacomodar algunas ideas que tenían un lugar en mi cabeza.

–Esto es terrible, Jorge —dije. La verdad se vuelve entonces un concepto absolutamente subjetivo y, por ende, relativo.

–En todo caso, después de lo hablado, lo que se desacomoda es el concepto de mentir, no el concepto de la verdad. Lo verdadero podría permanecer absoluto, aunque admitiéramos que declarar como verdaderas algunas falsedades, no es mentir. No obstante, como nuestra idea de la verdad está íntimamente relacionada con nuestro sistema de creencias, caeremos siempre en tu conclusión (con la que además, coincido por esto y por otras razones): la verdad es relativa y subjetiva; y además, déjame agregar: cambiante y parcial.

–Es cierto —admití—, y nada cambia lo que te decía antes. Me molesta que me mientan.

Dicho de otra manera, más allá de que sea cierto o no, me molesta que me digan algo sabiendo que no es verdad.

Ni siquiera la "relativa", "subjetiva" y "parcial" verdad de quien lo dice. Me revienta que me mientan.

—Y ¿por qué piensas que te mienten?

—¿Otra vez? —dije yo. ¿Otra vez?

—Quiero preguntar por qué piensas que TE mienten a ti.

—¿Cómo por qué? Es a mí a quien le dicen la mentira en cuestión —dije fastidiado.

—No te enojes, yo creo que cuando alguien miente, ¡MIENTE!, es decir, no TE miente, ni ME miente. ¡MIENTE!

En el mejor de los casos, se miente.

—¡Nooo!

—Síí. ¿Por qué alguien miente, Demi? Piénsalo: ¿para qué?

—¡Qué se yo! Mil motivos...

—Dime uno, el de la cosa que te trajo mal a la consulta.

—Para ocultar algo que hizo mal.

—Y eso ¿para qué?

—Para que el otro no lo juzgue.

—Y ¿por qué no quiere que lo juzgue?

—Porque sabe que el otro lo condenaría.

—¿Y por qué no quiere la condena del otro?

—Porque el otro le importa.

—¿Y?

—Y... no quiere tener que pagar algún plato roto.

—Esto es: para no hacerse responsable.

—Claro.

—Bien, digamos que éste es el móvil de noventa y nueve por ciento de las mentiras.

—Supongo que sí.

–Bien, y ¿cómo sabe el mentiroso que resultaría responsable? ¿quién determinó su responsabilidad?

–¡Nadie! ¡Bah! Él mismo.

–Eso es. Él mismo.

–¿Y?

–¿No te das cuenta? El mentiroso no es alguien que teme el resultado del juicio de un otro; ni la condena en ese juicio. El mentiroso ya se juzgó y ya se condenó. ¿Entiendes? El asunto ya fue juzgado. El mentiroso se esconde de su propio juicio, de su propia condena y de su propia responsabilidad. Como te dije: el problema no es del otro, es del que miente.

Yo estaba congelado. Todo esto era cierto, lo sabía de mi observación del afuera y de mi observación del adentro, yo mentía cuando ya me había juzgado y condenado.

–¡Pero es cierto que me miente!

–Tan cierto como era cierto cuando mi mamá decía de mi hermano Cacho: "¡No me come nada!"... Mi hermano no LE comía la carne ni LE tomaba la sopita de pollo, ni LE quería probar "el flancito que alimenta tanto...".

–No, no es lo mismo. Cuando alguien me miente, ME lo dice a mí.

–No, Demián, acepto que creas que tú eres el centro de TU mundo (de hecho lo eres), pero NO eres el centro de EL mundo. Él miente, no TE miente. Lo hace porque él decide hacerlo, porque le conviene o porque se le dio la gana.

Ése es SU privilegio. Decir que TE miente, te

lleva a crear un delirio autorreferencial donde algo que en realidad es un problema de él, te lo hace a ti. ¡No jodas!

—Pero ¿es un problema de él?

—Cuando la mentira es para evadir una responsabilidad, es el equivalente de un síntoma. ¿Cuántas veces hemos visto juntos que, en última instancia, la neurosis no es más que una manera de no ser adultos? ¿De escapar a la responsabilidad que implica crecer?

—No sé. Tengo que pensarlo. En la vida de todos los días, el mentiroso es el que se beneficia, no el que se jode.

—Aun cuando eso fuera cierto, la justicia no tiene nada que ver con la salud. Además, todo depende de lo que tú creas qué es beneficiarse.

—Conseguir que las cosas sean de una determinada forma y no de otra menos deseada, es beneficiarse.

—Conseguir que las cosas sean de una determinada forma por una mentira es difícil. Creo que, cuanto mucho, una mentira puede conseguir que las cosas sucedan por un rato, de una manera más deseada por el que miente (aunque internamente él sepa que esta forma es falsa, ficticia, cartón pintado, apoyado en su mentira).

—No mentimos para eso, o no nos damos cuenta. Me parece que yo, en todo caso, cuando miento busco control sobre la situación.

—Es decir: poder...

—Sí, de alguna manera poder. Yo soy el que siempre supo la verdad. Yo te hice actuar. Yo te engañé. Yo te estafé. Yo te cagué... Un poder jodido, pero poder al fin.

–¿Te cuento un cuento?

Hacía mucho que Jorge no me contaba un cuento.

–¡Está bien!

–Bueno, casi un cuentito.

Era un bar de mala muerte, en uno de los barrios más turbios de la ciudad.

El ambiente sórdido parecía extraído de una novela policiaca de la serie negra.

Un pianista borracho y ojeroso golpeaba un blues aburrido, en un rincón que apenas se divisaba entre la poca luz y el humo de cigarros apestosos.

De repente, la puerta se abrió de una patada. El pianista cesó de tocar y todas las miradas se dirigieron a la puerta.

Era una especie de gigante lleno de músculos que se escapaban de su camisa, con tatuajes en sus brazos de herrero.

Una terrible cicatriz en la mejilla le daba aun más fiereza a su cara de expresión terrible.

Con una voz que helaba la sangre, gritó:

–*¿Quién es Peter?*

Un silencio denso y terrorífico se instaló en el bar. El gigante avanzó dos pasos, agarró una silla y la arrojó contra un espejo.

–¿Quién es Peter? —volvió a preguntar.

De una mesa lateral, un pequeño hombrecito de anteojos corrió su silla, sin hacer ruido caminó hacia el gigantón; con voz casi inaudible, susurró:

–Yo... yo soy Peter.

–Ah, tú eres Peter, yo soy Jack, ¡hijo de puta!

Con una sola mano lo levantó en el aire y lo arrojó contra un espejo. Lo levantó y le pegó dos cachetadas que parecía que le arrancarían la cabeza. Después le aplastó los anteojos. Le destrozó la ropa y, por último, lo tiró al piso y le saltó sobre el estómago.

Un pequeño hilo de sangre empezó a brotar de la comisura de la boca del hombrecito, que quedó tirado en el piso seminconsciente.

El gigantón se acercó a la puerta de salida y antes de irse, dijo:

–Nadie se burla de mí, ¡nadie! —y se fue.

Apenas la puerta se cerró, dos o tres hombres se acercaron a levantar a la víctima de la golpiza. Lo sentaron y le acercaron un whisky.

El hombrecito se limpió la sangre de la boca y empezó a reirse. Primero suavemente y después, a carcajadas.

La gente lo miró sorprendida.

¿Los golpes lo habían dejado loco?

–Ustedes no entienden —dijo, y siguió riendo—, yo sí me burlé de ese idiota...

Los otros no podían evitar la curiosidad y lo llenaron de preguntas:

¿Cuándo?

¿Cómo?

¿Con una mujer?

¿Por dinero?

¿Qué le hiciste?

¿Lo mandaste preso?

El hombrecito siguió riendo.

–No, no. ¡Yo me burlé de ese estúpido *ahora*, delante de todos. Porque yo... ja, ja, ja... yo...

...¡*Yo no soy Peter!*

Me fui del consultorio riéndome a carcajadas. Tenía la imagen del maltrecho hombrecito creyendo que cagó al grandote.

A medida que caminaba algunas cuadras, la risa se me fue pasando y me inundó una extraña sensación de autocompasión...

El sueño del esclavo

Ya me había olvidado del enojo de aquel día.

Sentía que me importaba muchísimo más el tema de la mentira en sí misma.

Había estado pensando toda la semana sobre el tema, redescubriendo mi propia tendencia a mentir, recordando mentiras mías y de otros; y siempre volvía a revisar el concepto que Jorge había sembrado y crecía con fuerza: "SI HAY UN PROBLEMA EN LA MENTIRA, LO TIENE EL MENTIROSO".

Me trabé un poco con las mentiras "piadosas".

Al principio, parecían pertenecer a otra categoría.

Parecía que allí no había un juicio y autocondena.

Ni siquiera un intento de evadir responsabilidades.

Sin embargo, hilando fino, sí había un precio que yo no quería pagar cuando mentía para cuidar al otro. Yo no quería enfrentarme con su dolor, o con su impotencia o con su enojo.

Y como si esto fuera poco, me daba cuenta de que en muchas de estas mentiras piadosas, lo que pasaba era que me ponía en el lugar del otro (me identificaba con la víctima, diría mi terapeuta). Y entonces, transitaba pensamientos alineados bajo el título de "Si ésta fuera mi realidad, yo preferiría no saberla". Y desde este lugar, me sentía con derecho a decidir por el otro que no se enterara.

Dicho así, me daba cuenta de que la mentira era mucho más una manipulación macabra que un acto de piedad.

¡Qué horror!

Otra vez una mentira que no es para el otro. Que es para mí. ¿Con quién es la piedad? ¡Conmigo!

Casi todas las mentiras son piadosas, sólo que piadosas con uno mismo, piadosas con el que miente...

—Piadosas para con uno mismo —le conté.

—Qué bueno, Demián. Nunca lo había pensado así. Me parece una idea grandiosa —premió el gordo. Las mentiras "piadosas" siempre son sospechosas y abren interrogantes, a veces complicados desde el punto de vista moral y filosófico. Uno de los planteamientos éticos más trascendentes que conozco es el dilema socrático del hombre y el esclavo.

La última vez que llegó a mí, lo mencionó Lea en un grupo de parejas que coordinábamos juntos. Cuando la escuché, resonó dentro de mí y recordé vagamente haber leído alguna vez la historia, restándole importancia. Sin embargo, al ver la discusión planteada entre quienes escuchaban y asistir a mis propios procesos interiores, me di cuenta de que tenía una cosa más que agradecerle a Lea aparte de su amistad...

El relato es bien simple:

Voy paseando por un camino solitario,
disfruto del aire, del sol, de los pájaros
y del placer de que mis pies me lleven
por donde ellos quieran.
A un costado del camino,
encuentro un esclavo durmiendo.
Me acerco y descubro que está soñando,
de sus palabras y gestos adivino...
sé lo que sueña:
el esclavo está soñando que es libre.
La expresión de su cara refleja paz y serenidad.
Me pregunto...
¿Debo despertarlo y mostrarle que sólo es un sueño,
y que sepa que sigue siendo un esclavo?
¿O debo dejarlo dormir todo el tiempo que pueda,
disfrutando aunque sea en sueños,
de su realidad fantaseada?

–...¿Cuál es la respuesta correcta?... —agregó Jorge.
Me encogí de hombros.

–No hay respuesta correcta —siguió Jorge. Cada uno debe encontrar la propia respuesta, y no hay lugar afuera dónde buscarla.

–Yo creo que me quedaría paralizado frente al esclavo, sin saber qué hacer —dije.

–Voy a darte una ayudita, que por lo menos en algún caso te puede servir, mientras estás paralizado acércate al esclavo y míralo. Si el esclavo soy yo, no lo dudes: ¡DESPIÉRTAME!

La esposa del ciego

Ese día venía vindicativo.

—Parece que dijeras que no hay problema en la mentira, pero mentir está mal. Eso es lo que nos enseñaron.

—¿Estás seguro, Demi? ¿Será cierto que nos enseñaron a no mentir? Yo no estoy tan seguro... Imagínate esta escena (sucede todos los días, en todas las casas de todas las ciudades).

El niño acaba de ser descubierto en una mentira.

El padre comprensivo y moderno, sabe que no es importante ESA mentira sino el concepto moral del mentir, así que...

El padre deja de hacer lo que está haciendo y se sienta con su hijo para explicarle en lenguaje sencillo, por qué tiene que decir siempre la verdad... pase lo que pase y caiga quien cai...

Suena el teléfono.

El hijo, que está tratando de hacer buena letra, dice:

—¡Yo voy! —y corre a atender.

Al rato, regresa.

–Es el corredor de seguros, papi.

–¡Uf! ¿Justo ahora? Dile que no estoy.

–¿Nos enseñan a no mentir?

No creo. *Nos dicen que no hay que mentir*, eso sí.

Pero... nuestros padres, nuestros maestros, nuestros sacerdotes, nuestros gobernantes, ¿nos enseñan que no hay que mentir?

Jorge hizo una pausa, cebó un mate y siguió:

–Parece que entráramos en otro campo, el campo personal y subjetivo de qué le pasa a cada uno frente a la mentira. Y, en todo caso, por qué estaría mal mentir. Miles de veces hemos visto juntos que la sociedad en que vivimos detesta a los individuos impredecibles. Esto significa una pérdida de control que complica las reglas de juego de la convivencia, por lo menos en el sistema tal como está estructurado. En este sistema, mentir está mal porque si mientes nunca voy a poder saber a ciencia cierta, qué piensas, qué haces, ni qué te pasa. Para conservar el control de la situación yo, como todos, necesitamos hechos verdaderos y si mis sentidos no alcanzan a informarme, necesito de la información que me des, necesito creer que lo que me dices es cierto.

–Pero si no puedo confiar en lo que me dicen los demás —argumenté— tampoco puedo vivir.

–Nadie puede prohibirte que confíes, Demián. Lo que cuestiono es que pretendas prohibirle al otro que mienta.

–Pero, Jorge, si cada uno dijera lo que se le canta, todo se volvería un horror. Si todos mienten y nadie puede creer en nadie, la situación se transforma en un caos.

–Es una posibilidad —dijo el gordo—, pero no es la única. Hay otra posibilidad que es la que a mí me gusta pensar como más probable. Dijimos que uno miente porque, juzgándose a sí mismo, teme el juicio de los demás. Dijimos también que el que miente ya se condenó.

Pero imagínate un mundo en libertad, un mundo de permisos inconmensurables, un mundo donde nada tenga que ser prohibido, inconveniente ni obligatorio...

En un mundo así, nadie se condenaría, ni se juzgaría, ni esperaría juicios críticos de los demás. Y entonces, quizá suceda que con la libertad de mentir o no mentir, con el permiso de decir la verdad u ocultarla, quizá suceda que todos a la vez dejemos de mentir y el universo se transforme por fin en un espacio confiable y relajado...

Ésa también es una posibilidad, Demián.

–¿Estás seguro de que ésa ES una posibilidad?

–No, no estoy seguro. Pero hay tan pocas cosas de las cuales estoy seguro, que prefiero creer con seguridad en ésta, que aunque no lo es, por lo menos tiene la ventaja de ser deseable.

–A ti cualquier transporte colectivo te lleva.

–No sé si me lleva, pero si tiene el número que yo espero, yo subo.

–Dime, gordo, si es verdad que tu sueño es posible, ¿por qué el mundo no se decide a transitar ese espacio "relajado y confiable", como tú dices?

–Porque primero, Demi, tiene que vencer el miedo.

—¿Qué miedo?

—El miedo a la verdad. Algún día te contaré el cuento de la tiendita de la verdad.

—¿Por qué no hoy?

—Porque hoy es el día de otro cuento...

Había en un pueblo un señor que tenía una rara enfermedad en los ojos.

El hombre había estado ciego los últimos treinta años de su vida.

Un día llegó al pueblo un famoso médico a quien se consultó por su caso.

El doctor aseguró que operando al hombre, podía devolverle la vista.

Su esposa (que se sentía vieja y fea) se opuso...

La ejecución

—Pero entonces, la sinceridad no tiene valor para ti —protesté.

—Claro que la tiene, Demián. Lo que pasa es que me niego a instituirla por decreto.

—¿Y cómo se va a dar ese mundo deseado por ti y por mí?

—Andando el tiempo y andando la vida, te va a pasar, te está pasando ya, que te vas a encontrar con otros y con otras con quienes eres tan libre que no necesitas mentir. Te vas a encontrar con algunos a quienes podrás permitirles tanto que sean como son, que jamás se les ocurrirá mentirte. Ésos son tus verdaderos amigos, cuídalos —sentenció Jorge. Y si esos amigos y tú se dan cuenta de que con ustedes empieza un nuevo orden...

—Dime, ¿para ti la franqueza es patrimonio exclusivo de la amistad?

—Sí. Pero cuidado, que la franqueza es una cosa y la sinceridad es otra.

—¿Otra más?

—¡Otra!

—¿A ver?

—Franqueza viene de franco, de abierto. Recuerda

la idea de "libre paso". Ser franco significa: "No hay ningún espacio oculto en mi interior al cual esté vedado el ingreso. No existe ningún rincón de mi pensamiento, sentimiento o recuerdo que no conozca o que yo quisiera mantener reservado". La sinceridad es mucho menos. La sinceridad para mí es: "Todo lo que te digo es cierto, por lo menos cierto para mí" (es decir "No te miento", como dirías tú).

—O sea que se puede ser sincero y no ser franco.

—Absolutamente. La franqueza, Demián, es una relación sibarítica, como el Amor (así con mayúscula) un sentimiento reservado para pocos, muy pocos.

—Pero Jorge, si esto es cierto, yo puedo tener espacios de mí que te son vedados, sin dejar por eso de ser sincero. Es como decir que ocultar no es mentir.

—Por lo menos para mí, ocultar no es mentir. Claro, siempre y cuando no mientas para ocultar.

—Ejemplo, "please".

Diálogo en una pareja:
—¿Qué te pasa?
—Nada...
(Sí, algo le pasa y él sabe que algo le pasa, aunque no sepa qué. Está mintiendo.)

Otro caso:
—¿Qué te pasa?
—No sé...
(Sí, algo le pasa y él sí sabe qué le pasa, entonces está mintiendo.)

Uno más:

—¿Qué te pasa?

—No te quiero contestar ahora.

(Será más jodido, pero éste oculta y es sincero.)

—Pero, Jorge, en los primeros dos ejemplos mi pareja lo aguanta o me comprende. En el último, me manda a la mierda.

—Bueno, quizá sea hora de replantearte qué clase de pareja tienes, que comprende y aguanta cuando mientes y castiga cuando eres sincero.

—¿Siempre tienes una respuesta?

—¡Sí! Todos tenemos siempre una respuesta. Aunque ésta sea a veces el silencio, otras la confusión y otras la fuga.

—Me tienes podrido.

—A mí también me tengo podrido.

—A ver, gordo, déjame hacer un resumen.

—Dale.

—Tú dices que no avalas la postura de clasificar el mentir como malo. Dices que ésta es una decisión de cada uno en cada momento.

—Y en cada relación —agregó Jorge.

—Y en cada relación —asentí. Sostienes además que mentir no es ocultar.

—No, sostengo que ocultar no es mentir. Que no es lo mismo.

—Verdad. Y dices también que la sinceridad hay que reservarla para los amigos y la franqueza para "los elegidos". ¿Eso?

—Sí. Más o menos.

—Bien, entonces que yo crea en lo que dices,

217

siempre va a depender de la relación entre tú y yo. De mi confianza o de mi amor.

—Por supuesto. De eso y de tus ganas. ¿Qué ganas?

¿Te cuento un cuento?

En un lejano país había un señor feudal, cuyo poderío sólo era equiparable a su crueldad.

En su territorio imperaba su ley y a los campesinos les estaba prohibido hasta mencionar su nombre. El pueblo vivía oprimido por los aguaciles que él designaba y agobiado por los recaudadores de impuestos, que les quitaban las pocas monedas que podían obtener vendiendo sus cosechas, sus vinos o sus trabajos manuales.

Nolav, que así se llamaba el señor, tenía un poderoso ejército del que cada tanto surgían algunos jóvenes oficiales que intentaban algún motín para derrocarlo... Pero el tirano doblegaba todos esos intentos a sangre y fuego.

El sacerdote del pueblo era tan bondadoso, como malvado el gobernante. Un hombre respetuoso de su fe y que dedicaba su vida a ayudar a otros y a enseñar lo mucho que sabía.

Vivían con él en su casa quince a veinte discípulos, que seguían su camino y aprendían de cada gesto y de cada palabra de su maestro.

Un día, después de la oración matinal, reunió a sus discípulos y les dijo:

—Hijos míos, debemos ayudar a nuestro pueblo. Ellos podrían luchar por su libertad, pero el Señor de la Tierra les ha hecho creer que tiene demasiado poder

para que los hombres y mujeres se animen a enfrentar-
lo. El miedo por Nolav ha crecido con ellos y a menos
que hagamos algo, morirán esclavos.

–Lo que tú digas será hecho —contestaron al uní-
sono.

–¿Aunque cueste la vida de ustedes? —preguntó.

–¿Qué es la vida si uno, pudiendo ayudar a su hermano, no lo hace? —contestó uno de los discípulos que
hablaba como vocero de todos.

Llegó el día quinto del tercer mes. Ese día se festejaba
en el palacio el cumpleaños del amo. Y por única vez en
el año, el Señor de la Tierra paseaba en su carruaje y
por el pueblo. Rodeado por una fuerte custodia y atavia-
do con trajes bordados en oro y piedras preciosas, Nolav empezó su paseo esa mañana.

Había un bando que ordenaba que todos los campesinos debían postrarse ante el paso del carruaje real,
en señal de respeto.

Para sorpresa de todos, a pocas cuadras del palacio
el carruaje pasó por una calle y uno de los súbditos per-
maneció de pie a su paso. Los guardias lo detuvieron inmediatamente y lo llevaron ante el Señor.

–¿No sabes que debes inclinarte?

–Lo sé, Alteza.

–Y de cualquier forma no lo hiciste.

–No lo hice.

–¿Sabes que te puedo condenar a muerte?

–Eso espero, Alteza.

Nolav se sorprendió de la respuesta, pero no se in-
timidó.

–Bien, si ésta es la forma en que quieres morir, al atardecer el verdugo se ocupará de tu cabeza.

–Gracias, mi señor —dijo el joven y se arrodilló sonriente.

De entre la multitud, alguien gritó.

–Mi Señor, mi Señor, ¿puedo hablar?

El dictador le permitió acercarse.

–Dime.

–Permitidme mi señor que sea yo y no él, el que muera el día de hoy.

–¿Estás pidiendo ser ejecutado en su lugar?

–Sí, Señor, por favor, siempre os fui fiel. Permitídmelo, por favor.

El amo se sorprendió y preguntó al condenado:

–¿Es tu familiar?

–Jamás lo vi en mi vida. No le permitas remplazarme, la falta es mía y es mi cabeza la que debe rodar.

–No, Alteza, la mía.

–No, la mía.

–La mía.

–Silencio —gritó el Señor—, puedo complaceros a los dos. Ambos serán decapitados.

–Bien, Majestad, pero por ser el primer condenado creo que tengo derecho de ser el primero.

–No, Señor, ese privilegio me pertenece a mí, que ni siquiera he ofendido a su Alteza.

–Basta ya, ¿qué es esto? —gritó Nolav. Callaos y os concederé el privilegio de ser ejecutados a la vez, hay más de un verdugo en esta tierra.

Una voz se alzó entre la multitud.

–En ese caso, Señor, yo también quiero estar en la lista.

–Y yo, Señor.

–Y yo.

¡El señor feudal estaba atónito!

No entendía qué estaba pasando.

Y si había algo que ponía de mal humor al dictador era que sucediera algo sin que él pudiera entenderlo.

Cinco jóvenes sanos pidiendo ser decapitados era algo incomprensible.

Entrecerró los ojos para reflexionar.

En pocos segundos tomó una decisión. No quería que sus súbditos pensaran que le temblaba el pulso.

¡Serían cinco los verdugos!

Pero cuando abrió los ojos y miró a la gente reunida, ya no eran cinco sino más de diez las voces que reclamaban ser ejecutados y las manos seguían levantándose.

Esto era demasiado para el poderoso señor feudal.

–¡Basta! —gritó—, se suspenden todas las ejecuciones hasta que yo decida quiénes van a morir y cuándo.

Entre las protestas y los reclamos de los que querían morir, el carruaje regresó al palacio.

Una vez allí, Nolav se encerró en sus habitaciones y se dedicó a pensar sobre el tema.

De pronto, se le ocurrió una idea.

Mandó a traer al sacerdote. Él debía saber algo sobre esta locura colectiva.

Rápidamente salieron a buscar al anciano y lo trajeron ante el señor feudal.

–¿Por qué tu pueblo se pelea por ser ejecutado?

El anciano no respondió.

–¡Responde!

Silencio.

–Te lo ordeno.

Silencio.

–No me desafíes. ¡Tengo maneras de hacerte hablar!

Silencio.

El anciano fue llevado a la sala de torturas y sometido a los peores tormentos por horas, pero se negó a hablar.

El tirano mandó a sus guardias al templo a buscar a algunos de sus discípulos.

Cuando estuvieron allí, les mostró el cuerpo dañado del maestro y les preguntó:

–¿Cuál es la razón de que los hombres quieran ser ejecutados?

Con un hilo de voz, el anciano sacerdote gritó:

–¡Les prohíbo hablar!

El Señor de la Tierra sabía que no podría amenazar con la muerte a ninguno de los que allí estaban, así que les dijo:

–Haré sufrir a su maestro los peores dolores que un hombre ha concebido. Y los obligaré a presenciarlo. Si aman a este hombre, díganme el secreto y luego todos podrán irse.

–Está bien —dijo uno de los discípulos.

–Cállate —dijo el anciano.

–Continúa —dijo Nolav.

–Si alguien muere ejecutado en el día de hoy... —empezó el discípulo...

–Cállate —repitió el anciano. Maldito seas de tu pueblo si revelas el secreto...

El Señor hizo un gesto y el viejo recibió un golpe que lo dejó inconsciente.

–Sigue —ordenó.

–El primer hombre que muera ejecutado en el día de hoy, después de la puesta del sol, se volverá inmortal.

–¿Inmortal? ¡Mientes! —dijo Nolav.

–Está en las Escrituras —dijo el joven, y abriendo un libro que traía en su bolso, leyó el párrafo que lo confirmaba.

Inmortal!, pensó el señor feudal.

Lo único que el dictador temía era la muerte y aquí estaba la posibilidad de vencerla. Inmortal, pensó.

El señor no dudó un momento, pidió papel y pluma y ordenó su propia ejecución.

Corrieron a todos del palacio y al caer el sol, Nolav fue ejecutado según su orden.

El pueblo se libró así de su opresor y se levantó a luchar por su libertad. Algunos meses después, todos eran libres.

Al señor feudal, nunca más nadie lo mencionó, salvo la noche de su ejecución en que los discípulos, mientras curaban las heridas de su maestro, recibían de él su bendición, por haber arriesgado sus cabezas y también su felicitación por esas maravillosas actuaciones.

–¿Por qué, Demián, el señor feudal creyó una mentira como ésa? ¿Por qué fue capaz de ordenar su propia ejecución, por una historia que le contaban sus enemigos? ¿Por qué cayó en la trampa del maestro? Hay una sola respuesta: ÉL QUERÍA CREERLO.

Él quería pensar que era cierto.

–Y ésta, Demi, es una de las verdades más increíblemente movilizadoras que yo haya conocido en toda mi vida. Creemos algunas mentiras por muchas razones, pero sobre todo porque queremos creerlas.

¿Por qué te dejas engañar por el que TE miente?, preguntabas el otro día. Te engaña porque tú quisieras creer que lo que te dice es cierto! —contestó su propia pregunta.

> NADIE TIENE MÁS POSIBILIDADES
> DE CAER EN UN ENGAÑO
> QUE AQUEL A QUIEN LA MENTIRA
> LE AJUSTA CON SUS DESEOS.

El juez justo

Como siempre después de una revolución en mi cabeza, las ideas empezaban a decantarse y las relaciones entre ellas, a recuperarse.

¿Cuántas veces en mi vida había intentado entender el incomprensible misterio de los eternos compradores de buzones?

Nunca había podido encontrar un asomo de explicación a la inacabable existencia de víctimas para los "cuentos del tío".

¿Qué pasaba por la cabeza de un individuo que terminaba comprando un transatlántico por unas monedas?

¿Cómo llegaba alguien a asociarse a un estafador?

¿Por qué una persona medianamente inteligente acababa descubriendo después de pagarla, que la mercadería comprada a precio ridículo no era más que basura camuflada?

Ahora, por fin, aparecía la respuesta: todos los estafados habían pensado en algún momento que la situación los beneficiaba, la mayoría habían pasado un rato relamiéndose en secreto de su ganancia posterior, muchos había disfrutado creyendo que eran ellos los piolas que estaban estafando al otro...

¿Haría yo lo mismo cuando me tragaba algún anzuelo?

Sí, claro que hacía eso.

Claro que eso es lo que hago cuando me engancho.

"Engancharme" no es otra cosa que quedarme colgado de cualquier promesa o afirmación que suene agradable a mis oídos.

..."Engancharse"... hasta recuerda al anzuelo...

Y cómo no va a resonar así. Hasta la misma expresión de "tragarse el anzuelo" ya insinúa este punto. Tragarse un anzuelo en el que hay ensartada una tentadora lombriz o, peor aún, una atractiva, colorida y vistosa mosca... ¡de plástico!

Me engancho... me trago el anzuelo... ¿con qué encarnan los otros... los que pescan?... ¿cuáles son las lombrices que más me gustan?...

Las promesas de amor eterno...

La fantasía de la aceptación total...

La valoración y el reconocimiento de los otros...

El deseo de ver primero lo que nadie vio...

La vanidad de destacarme por sobre el resto...

La mirada que me ve como yo quisiera ser...

La permanencia incondicional de un otro a mi lado...

Y tantas otras...

¡Tantas!

Yo me daba cuenta de que con el tiempo, la experiencia y el crecimiento, aprendía a escupir cada vez más rápido los anzuelos que me tragaba, pero... ¿y las heridas?

–¿Y las heridas, gordo? —le pregunté—, ¿y las heridas? Tú me enseñas a despreciar las lombrices muertas y descoloridas, me muestras permanentemente cuáles son las mosquitas de plástico para que no me ensarte con los anzuelos, pero me parece que no me muestras cómo hacer para no lastimarme. Parece que el destino de nosotros los crédulos, es terminar andando por la vida cosidos de cicatrices que fueron dejando algunos anzuelos que mordimos y otros que nos tragamos. Por lo menos, yo lo que quiero es no lastimarme más, gordo. Me niego a quedar en manos de la decisión de otros de dañarme o curarme. No quiero...

–Es el precio, Demián, es el precio. ¿Te acuerdas de la rosa de *El principito*?

–Sí... Ya sé adónde apuntas: "...debo soportar algunos gusanos si quiero conocer las mariposas...".

–Eso —confirmó Jorge.

Me quedé en silencio rumiando una extraña mezcla de dolor, indignación, resignación e impotencia.

Después me quejé:

–Sigo pensando que el mentiroso tiene demasiadas ventajas y pocos costos.

–A veces sí y a veces, no —dijo el gordo. La mentira tiene muchos contras. De todas maneras, lo peor de la mentira es que NO SIRVE... Antes o después, toda mentira queda expuesta y todo lo aparentemente conseguido, se desvanece como la niebla al salir el sol... y es más: a veces la vida hace justicia y el engaño se vuelve en contra del mentiroso.

Jorge entrecerró los ojos y buscó en su memoria:

–Viene cuento... —adiviné.

–Viene...

Cuando Lien-tzu murió, su esposa Zumi, su hijo mayor Ling y sus dos niños pequeños, quedaron en la pobreza más absoluta.

Mientras el hombre de la casa estaba vivo, había estado trabajando de sol a sol en las plantaciones de arroz de Cheng.

El grueso de su paga era en arroz y sólo recibía unas pocas monedas, que apenas alcanzaban para las mínimas necesidades de la familia, a la cabeza de las cuales estaba el pago de los maestros y los cuadernos de estudio para Ling y sus hermanos.

El día de su muerte, Lien-tzu salió de su casa como siempre antes del amanecer. Camino a la plantación escuchó los gritos de auxilio que daba un anciano, que era arrastrado por las caudalosas aguas del río.

Lien-tzu lo reconoció, era el viejo Cheng, el dueño de la plantación donde él trabajaba.

Él nunca había sido un buen nadador, y se necesitaba ser un gran nadador para siquiera entrar en el río; cuánto más para rescatar al anciano.

Miró a su alrededor, pero nadie transitaba el camino a esa hora... y correr a buscar ayuda, le llevaría más de media hora...

Casi en un impulso, Lien-tzu tomó aire y se arrojó al río.

Apenas llegó al anciano, la corriente empezó a arrastrarlo también a él río abajo.

Los cuerpos sin vida de ambos aparecieron abrazados en el remanso del río, algunos kilómetros abajo...

Tal vez porque de alguna manera los hijos del anciano quisieron hacer responsable a Lien-tzu de la muerte de su padre, quizá porque el pequeño Ling era demasiado joven para el trabajo, o quizá porque como dijeron, no había tanto trabajo en los arrozales, pero el caso es que los hijos del muerto se negaron a conocederle a Ling el derecho de conservar el trabajo de su padre.

El joven Ling insistió.

Primero les dijo que con sus trece años él ya era bastante grande para el trabajo, después les dijo que ese trabajo lo había heredado de su padre, después habló sobre su capacidad de trabajo y sobre su habilidad manual y cuando todo esto no sirvió, Ling les rogó el trabajo argumentando la necesidad económica de su familia.

Ningún argumento alcanzó y el joven fue invitado a retirarse de la plantación.

Ling se indignó y empezó a alzar la voz, a reivindicar el sacrificio de su padre, a hablar de explotación, de derechos, de demandas, de exigencias...

En medio de un forcejeo, Ling fue sacado a empellones del lugar y arrojado a la polvorienta calle...

Desde entonces la familia comía cuando podía, apoyada en algunos trabajos temporales que conseguía Ling, y el sacrificio de su madre que lavaba y cosía ropa para otros.

Un día, como todos los días, Ling salía de la plantación, como todos los días había ido a pedir trabajo, como todos los días le habían dicho que no había nada para él...

Salía con la cabeza baja, mirando el piso y sus gastadas sandalias.

Pateaba las piedras que encontraba, consolando su dolor.

De repente pateó algo y sintió un ruido diferente, buscó con la mirada lo que había pateado...

No era una piedra, era una bolsita de cuero cerrada con un cordel y cubierta de tierra.

El joven la volvió a patear.

No estaba vacía. Hacía un hermoso ruido al rodar por el piso.

Ling siguió pateando la bolsita durante horas y horas, disfrutando del sonido que hacía...

Finalmente la levantó y la abrió.

Adentro había un montón de monedas de plata... ¡muchísimas monedas!... Más de las que él había visto en su vida...

Las contó.

Eran quince. Quince hermosas, nuevas y brillantes monedas.

Y eran de él.

Él las había encontrado tiradas en el piso.

Él las había pateado durante media hora.

Él había abierto la bolsa.

No había duda de que eran suyas...

Ahora por fin su madre podría dejar de trabajar, sus hermanos volverían a estudiar y todos podrían comer lo que quisieran... todos los días.

Corrió al pueblo "de compras"...

Llegó a la casa cargado de comida, de juguetes para sus hermanos, telas para abrigo y dos hermosos vestidos, traídos desde la India, para su madre.

Su llegada fue una fiesta... todos tenían hambre y nadie preguntó de dónde había salido la comida, hasta después de haberla terminado.

Después de la cena, Ling repartió los regalos y

cuando los niños, cansados de jugar, se fueron a dormir, Zumi hizo señas a Ling para que se sentara a su lado.

Ling ya sabía qué quería su madre.

–No creerás que lo robé —dijo Ling.

–Nadie te regalaría todo esto por nada... —dijo su madre.

–No, nadie regala —asintió Ling. Lo compré. Yo lo compré.

–¿Y de dónde sacaste el dinero Ling?

Y el joven le contó a su madre cómo encontró la bolsa de las monedas...

–Ling, hijo mío, ese dinero no es tuyo —dijo Zumi.

–¿Cómo que no es mío? —protestó Ling. Yo lo encontré.

–Hijo, si tú lo encontraste, alguien lo perdió. Y ése que lo perdió es el verdadero dueño del dinero —sentenció la mujer.

–No —dijo Ling. El que lo perdió, lo perdió y el que lo encontró, lo encontró. Yo lo encontré. Y si no tiene dueño, es mío.

–Bien, hijo —siguió la madre. Si no tiene dueño es tuyo. Pero si tiene dueño hay que devolver su propiedad...

–No, madre.

–Sí, Ling, recuerda a tu padre y piensa qué te diría él.

Ling bajó la cabeza y asintió a disgusto.

–¿Y qué haré con las monedas que gasté? —preguntó el joven.

–¿Cuántas monedas gastaste?

–Dos.

–Bien, ya veremos cómo podemos pagarlas —dijo

Zumi. Ahora vete al pueblo y pregúntale a la gente quién perdió una bolsa de cuero. Empieza por preguntar cerca de donde la encontraste.

Otra vez con la cabeza baja, esta vez saliendo de su casa, Ling se lamentaba de su destino.

Al llegar entró en la plantación y preguntó al encargado si alguien había extraviado algo.

El encargado no sabía, pero iba a averiguar.

Al rato, el hijo mayor del anciano y actual dueño del arrozal salió a su encuentro.

–¿Tú te llevaste mi bolsa de monedas? —le preguntó en tono acusador.

–No, señor, la encontré en la calle —contestó Ling.

–Dámela, ¡rápido! —le gritó.

El joven sacó de entre sus ropas la bolsa y se la dio.

El hombre vació la bolsa en su mano y empezó a contar...

El muchacho se anticipó:

–Encontrará que sólo faltan dos monedas, señor Cheng. Yo juntaré el dinero para devolvérselas o trabajaré gratis hasta compensarlo.

–¡Trece!... ¡Trece! —rugió. ¿Dónde están las monedas que faltan?

–Ya le dije, Señor —empezó el joven. Yo no sabía que la bolsa era suya. Pero yo le devolveré su dinero...

–¡Ladrón! —lo interrumpió el hombre—, ¡ladrón! Yo te enseñaré a no quedarte con lo que no es tuyo —y salió a la calle gritando. Yo te enseñaré... yo te enseñaré.

El joven marchó a su casa. No podría saber si era mayor su rabia o su desesperación.

A su llegada, le contó a Zumi lo sucedido y ésta lo consoló.

Le prometió que ella hablaría con ese hombre para arreglar el asunto.

Sin embargo, al día siguiente un emisario del juez llegó con una citación para Zumi y para Ling por el robo de diecisiete monedas de una bolsa.

¡Diecisiete!

Ante el juez, el hijo del anciano declaró bajo juramento que le había desaparecido de su escritorio una bolsa de cuero.

–Fue el mismo día que Ling estuvo a pedir trabajo —declaró Cheng— ...y al día siguiente, apareció este ladronzuelo diciendo que había "encontrado" esa bolsa y preguntando "si alguien la había perdido". ¡Qué descaro!

–Continúe, señor Cheng —dijo el juez.

–Por supuesto que le dije que la bolsa era mía y cuando me la devolvió, de inmediato revisé el contenido y confirmé lo que sospechaba: faltaban monedas. ¡Diecisiete monedas de plata!

El juez escuchó atentamente el relato y luego dirigió su mirada al muchacho que avergonzado por la situación, no se animaba a hablar.

–¿Qué tienes para decir, Ling? La acusación que aquí se te hace es muy seria —preguntó el juez.

–Señor juez, yo no robé nada. Encontré esa bolsa en la calle. Yo no sabía que el dueño era el señor Cheng. Es cierto que abrí la bolsa y es cierto también que gasté parte de ellas en comida y juguetes para mis hermanos, pero fueron sólo dos las monedas y no diecisiete —el joven sollozaba. ¿Cómo podría haber tomado diecisiete monedas de la bolsa si no tenía más que quince cuando la encontré? Yo tomé sólo dos monedas, señor juez, sólo dos.

–Veamos —dijo el juez—, ¿cuántas monedas tenía la bolsa cuando el joven la devolvió?

–Trece —contestó el demandante.

–Trece —asintió Ling.

–¿Y cuántas monedas tenía la bolsa cuando te faltó? —preguntó el juez.

–Treinta, su señoría —contestó el hombre.

–No. No —interrumpió Ling. Tenía sólo quince monedas. Lo juro. Lo juro.

–¿Jurarías tú —interrogó al dueño del arrozal— que la bolsa tenía treinta monedas de plata cuando estaba en tu escritorio?

–Claro, señor juez —confirmó—, ¡lo juro!

Zumi levantó su mano tímidamente y el juez le hizo señas para que hablara.

–Señor juez —dijo Zumi. Mi hijo es un niño aún y reconozco que ha cometido más de un error en esta situación. Sin embargo, hay algo que puedo asegurar, Ling no miente. Si él dice que gastó sólo dos monedas, esto es verdad. Y si dice que la bolsa tenía sólo quince monedas cuando él la encontró, ésa debe ser la verdad. Quizá, señor, alguien encontró la bolsa antes de que...

–Alto, señora —interrumpió el juez. Es mi tarea y no la tuya decidir qué pasó y administrar justicia. Querías hablar y se te permitió, ahora siéntate y aguarda mi fallo.

–Eso, señoría, el fallo, queremos justicia —dijo el demandante.

El juez hizo una seña a su ayudante para que hiciera sonar el gong. Esto quería decir que el juez iba a dar su veredicto.

–Demandante y demandados, pese a que al principio la situación era confusa, ahora se ha tornado clara —empezó el juez. No tengo razón para dudar de la palabra del señor Cheng cuando jura que le faltó una bolsa con treinta monedas de plata...

El hombre sonrió malvadamente mirando a Ling y a Zumi.

–Sin embargo, el joven Ling asegura haber encontrado una bolsa con quince monedas —siguió el juez— y tampoco tengo razón para dudar de su palabra...

Un silencio se produjo en la sala, y el juez siguió.

–Por lo tanto, es evidente para este tribunal que la bolsa encontrada y devuelta, NO ES la que perdió el señor Cheng y por lo tanto, no corresponde ningún reclamo a la familia de Lien-tzu. No obstante, se dejará archivado el reclamo del demandante a quien deberá entregársele cualquier bolsa que sea encontrada y devuelta en los próximos días y cuyo contenido de origen fuera de treinta monedas de plata.

El juez sonrió y se encontró con los ojos agradecidos de Ling.

–Y en cuanto a esta otra bolsa, jovencito...

–Sí, señoría —balbuceó el joven. Me doy cuenta de mi responsabilidad y estoy dispuesto a pagar por mi error.

–¡Cállate!... En cuanto a la bolsa de las quince monedas, decía, debo admitir que nadie la ha reclamado todavía y que dadas las circunstancias —dijo, mirando de reojo al señor Cheng— creo que es poco probable que alguien la reclame... Por lo tanto, entiendo que la bolsa podría ser declarada propiedad de quien la encontrara. Y ya que tú la encontraste... ¡Es tuya!

–Pero, señoría... —empezó a decir Cheng.

–Señoría... —intentó empezar Ling.

–Señor juez... —quiso decir Zumi.

–¡Silencio! —ordenó el juez. ¡Cosa juzgada! Fuera todos...

El juez se levantó y salió con rapidez del recinto, mientras el ayudante volvía a hacer sonar el gong...

La tienda de la verdad

–Dime, Jorge, existe en casi toda la gente la idea de que todo el mundo necesita terapia, yo sé que tú no estás de acuerdo, y creo que ni siquiera consideras necesaria la terapia indiscriminada. Pero ahora me pregunto: ¿cualquiera se puede beneficiar de transitar un proceso terapéutico?

–Sí.

–¿Cualquiera?

–Digámoslo así: a cualquiera que quiera beneficiarse, podría serle útil.

–Pero ¿por qué alguien podría no querer beneficiarse?

–Anthony de Mello cuenta un cuentito maravilloso que me parece que podría ayudarnos en esta búsqueda:

El hombre caminaba paseando por aquellas pequeñas callecitas de la ciudad provinciana. Tenía tiempo y entonces se detenía algunos instantes en cada vitrina, en cada negocio, en cada plaza. Al dar vuelta una esquina se encontró de pronto frente a un modesto lo-

cal cuya marquesina estaba en blanco; intrigado se acercó a la vitrina y arrimó la cara al cristal para poder mi-
rar dentro del oscuro escaparate... en el interior solamente se veía un atril que sostenía un cartelito escrito
a mano que anunciaba:

TIENDA DE LA VERDAD

El hombre estaba sorprendido. Pensó que era un
nombre de fantasía, pero no pudo imaginar qué vendían.

Entró.

Se acercó a la señorita que estaba en el primer
mostrador y preguntó:

–Perdón, ¿ésta es la tienda de la verdad?

–Sí, señor, ¿qué tipo de verdad anda buscando: verdad parcial, verdad relativa, verdad estadística, verdad
completa?

Así que aquí vendían verdad. Nunca se había imaginado que esto era posible, llegar a un lugar y llevarse
la verdad, era maravilloso.

–Verdad completa —contestó el hombre sin du-
darlo. "Estoy tan cansado de mentiras y de falsificacio-
nes", pensó, "no quiero más generalizaciones ni justificaciones, engaños ni defraudaciones."

–¡Verdad plena! —ratificó.

–Bien, señor, sígame.

La señorita acompañó al cliente a otro sector y se-
ñalando a un vendedor de rostro adusto, le dijo:

–El señor lo va a atender.

El vendedor se acercó y esperó que el hombre hablara.

–Vengo a comprar la verdad completa.

–Ajá, perdón, ¿el señor sabe el precio?

–No, ¿cuál es? —contestó rutinariamente. En realidad, él sabía que estaba dispuesto a pagar lo que fuera por toda la verdad.

–Si usted se la lleva —dijo el vendedor— el precio es que nunca más podrá estar en paz.

Un frío corrió por la espalda del hombre, nunca se había imaginado que el precio fuera tan grande.

–Gra... gracias, disculpe... —balbulceó.

Se dio vuelta y salió del negocio mirando el piso.

Se sintió un poco triste al darse cuenta de que todavía no estaba preparado para la verdad absoluta, de que todavía necesitaba algunas mentiras donde encontrar descanso, algunos mitos e idealizaciones en los cuales refugiarse, algunas justificaciones para no tener que enfrentarse consigo mismo.

"Quizá más adelante", pensó...

–Demián, no necesariamente lo que para mí es benéfico, lo es también para un otro. Puede suceder y es justo que así sea que alguien crea que el precio de cierto beneficio sea demasiado costoso. Es válido que cada uno decida qué precio quiere pagar a cambio de lo que recibe, y es lógico que cada uno elija el momento para recibir lo que el mundo le ofrece, sea la verdad o cualquier otro "beneficio".

Yo no encontraba nada para decir.

Y Jorge agregó:

–Hay un viejo proverbio árabe que dice: "PARA PO-
DER DESCARGAR UN CARGAMENTO DE HALVÁ LO MÁS IMPOR-
TANTE ES TENER RECIPIENTES DONDE GUARDAR EL HALVÁ".

*Con la sabiduría y con la verdad pasa lo mismo que
con el Halvá...*

Preguntas

La sesión había empezado en esa onda insoportable que se daba cada vez que yo llegaba al consultorio y no sabía de qué quería hablar y no hablaba. O sabía de qué quería hablar y no lo hacía. O me daba cuenta de que hubiera sido mejor no ir, pero ya estaba. O el gordo tampoco tenía ganas de hablar y no ayudaba, o sí tenía ganas de ayudar y callaba...

Ésas eran sesiones silenciosas.

Sesiones densas.

Sesiones pesadas.

—Ayer escribí algo —le dije al gordo, por fin.

—¿Sí?...

Breve respuesta, pensé.

—Sí —contesté, más breve aún.

—¿Y?... —preguntó.

Otra vez me cagó, pensé.

—Se llama PREGUNTAS, pero no son preguntas.

—¿Y qué quieres hacer con tus preguntas que no son preguntas?

—Me gustaría leerlas aquí, contigo. No las releí desde que las escribí, anoche. Yo sé que no estoy buscando las respuestas, así que no quiero que contestes.

Quiero que escuches. Quiero decir: son planteamientos, no son preguntas.

–Entiendo... —dijo el gordo y se dispuso a escuchar.

Difícil, ¿no?

¿Casi imposible?

¿O quizá... francamente imposible?...

¿Cómo se vive siendo diferente?

¿Qué sentido tiene vivir atormentado?

¿Se puede vivir de otra manera siendo lúcido o al menos esclarecido?

¿Si así no fuera, para qué trabajo conmigo mismo?

¿Para qué terapia?

¿Cuál es la función de un terapeuta: desadaptar a la gente que supuestamente lo va a ver porque sufre?

¿Y yo qué hago en esta búsqueda?

¿Entonces lo que hago es un canje de un sufrimiento por otro, que ni siquiera tiene el consuelo de ser compartido por casi todos?

¿Qué es la psicoterapia? ¿Una enorme fábrica de frustraciones "para exquisitos"?

¿Algo así como una secta de sádicos, inventores de sofisticados métodos de tortura refinados y exclusivos?

¿Será cierto que es mejor sufrir mucho una realidad que disfrutar la ignorancia del universo fabulado?

¿Para qué se puede utilizar la conciencia plena de la soledad y el compromiso existencial con uno mismo?

¿Qué ventaja, por favor, qué ventaja es habituarse a no esperar nada de nadie?

¿Si el mundo tangible es basura, si las personas reales son caca, si las auténticas situaciones de nuestras vidas son una mierda, será sanarse embadurnarse de excrementos y nadar entre los desperdicios de la humanidad?

¿No tendrán razón las religiones que consuelan allá lo que no se obtiene acá?

¿No tendrán también razón cuando depositan todo el trabajo en un Dios todopoderoso, que ya se va a ocupar de nosotros si nos portamos bien?

¿No es mucho más fácil portarme bien que ser yo mismo?

¿No es acaso mucho más útil y sencillo aceptar el concepto sobre el bien y el mal, que todos aceptan como cierto?

¿O por lo menos, no será mejor hacer como todos que funcionan como si acordaran con él a pie juntillas?

¿No tendrán razón los brujos, magos, manosantas y hechiceros cuando quieren sanarnos con la magia de nuestra fe?

¿No estarán en lo cierto quienes apuestan a la capacidad ilimitada de ejercer control con nuestra mente sobre todo hecho o situación en el afuera?

¿No será cierto que en realidad nada existe fuera de mí, y mi vida es sólo una pequeña pesadilla de cosas, personas y hechos inventados por mi creativa imaginación?

¿Quién puede creer que esto que sucede es la única posibilidad?

¿Y si es así, cuál es la ventaja de saber más sobre esta posibilidad?

¿Qué obligación tiene el otro de entenderme?

¿Qué obligación de aceptarme?

¿Qué obligación de escucharme?

¿Qué obligación de aprobarme?

¿Qué obligación de no mentirme?

¿Qué obligación tiene de tenerme en cuenta?

¿Que obligación tiene de quererme como yo lo quiero?

¿Qué obligación tiene de quererme cuanto yo lo quiero?

¿Qué obligación tiene algún otro de quererme?

¿Qué obligación tiene de respetarme?

¿Qué obligación tiene el otro de enterarse de que yo existo?

¿Y sin ningún otro se entera de que yo existo, yo aquí para qué existo?

¿Y si mi existencia no tiene sentido sin un otro, cómo no sacrificar cualquier cosa, sí, CUALQUIER COSA para que el sentido permanezca a mi alcance?

...¿Y si el camino desde el parto hasta el ataúd es solitario, para qué engañarnos haciendo de cuenta que podemos encontrar compañía?

El gordo carraspeó...

—Qué nochecita la de anoche..., ¿eh?

—Sí... —dije—, negra. Muy negra...

Mi terapeuta alargó los brazos y me hizo señas para que me sentara en su regazo.

Cuando lo hice, Jorge me abrazó, como yo sospecho que se abraza a un niño...

Yo sentí el calorcito y el amor del gordo y allí me quedé todo lo que restaba de la sesión, en silencio... pensando.

El plantador de dátiles

–Mira, todo lo que enseñas parece muy cierto y por supuesto me encantaría pensar que es posible vivir así... Sin embargo, la verdad es que creo que tu modelo de vida no es más que un hermoso planteamiento teórico, inaplicable a la realidad cotidiana.

–No creo...

–¡Claro! Tú no crees porque para ti debe ser más fácil que para los demás. Tú creaste una forma de vivir a tu alrededor y entonces ahora es sencillo, pero yo, y casi todos, vivimos en un mundo común y normal. Nosotros jamás llegaríamos a hacer todo lo que hace falta hacer, para llegar a disfrutarlo.

–La verdad, Demián, es que yo vengo de ese mismo mundo real del que vienes tú, que yo habito este mismo planeta cotidiano que habitamos todos y que convivo con la misma gente común y normal que tú conoces... Admito que vivo un poco mejor que la mayoría de las personas que conozco, pero te quiero dejar en claro dos cosas: la primera es que el costo no fue pequeño. Construir este "entorno" como lo llamas tú, demandó mucha energía y dedicación, mucho dolor y sobre todo muchas pérdidas. La segunda es que esto fue un proceso, quiero decir que cambiar lo que había para cambiar, conseguir que no se desmorone lo que había que preservar y recorrer los caminos que había que explorar, demandó un tiempo. No fue algo que pasó solo, ni que sucedió de un día para otro...

—Me imagino. ¡Pero por lo menos, sabías que al final estaba el premio que hoy gozas!

—No es así. Y ése es otro de los prejuicios con que tú cuentas para tu análisis. Yo nunca tuve la garantía de ningún premio. Más bien, te diría que todo el camino que llevo recorrido hasta aquí, no es más que una apuesta a un resultado que en realidad tampoco llegó todavía.

—¿Cómo que no llegó?

—Todavía me queda mucho por hacer, Demián... Es más, no creo que yo consiga en toda mi vida, aunque la imagine larguísima, llegar a disfrutar de la plenitud total, disfrutar de la completa falta de expectativas, disfrutar de la actitud mental de aceptación plena de los hechos...

—¿Me estás diciendo que estás tomándote todo este trabajo, pensando que posiblemente nunca llegues a disfrutarlo a pleno?

—Sí.

—Estás loco.

—Es verdad, pero para tu beneficio soy un loco que cuenta cuentos y que ahora está por contarte uno.

En un oasis escondido entre los más lejanos paisajes del desierto, se encontraba el viejo Eliahu de rodillas, a un costado de algunas palmeras datileras.

Su vecino Hakim, el acaudalado mercader, se detuvo en el oasis a abrevar sus camellos y vio a Eliahu transpirando, mientras parecía cavar en la arena.

—¿Qué tal anciano? La paz sea contigo.

—Contigo —contestó Eliahu sin dejar su tarea.

—¿Qué haces aquí, con esta temperatura, y esa pala en las manos?

—Siembro —contestó el viejo

—¿Que siembras aquí, Eliahu?

—Dátiles —respondió Eliahu mientras señalaba a su alrededor el palmar.

—¡Dátiles! —repitió el recién llegado, y cerró los ojos como quien escucha la mayor estupidez comprensivamente. El calor te ha dañado el cerebro, querido amigo. Ven, deja esa tarea y vamos a la tienda a beber una copa de licor.

—No, debo terminar la siembra. Luego, si quieres, beberemos...

—Dime, amigo: ¿cuántos años tienes?

—No sé... sesenta, setenta, ochenta, no sé... lo he olvidado... pero eso ¿qué importa?

—Mira, amigo, los datileros tardan más de cincuenta años en crecer y sólo después de ser palmeras adultas están en condiciones de dar frutos. Yo no estoy deseándote el mal y lo sabes, ojalá vivas hasta los ciento un años, pero tú sabes que difícilmente puedas llegar a cosechar algo de lo que hoy siembras. Deja eso y ven conmigo.

—Mira, Hakim, yo comí los dátiles que otro sembró, otro que tampoco soñó con probar esos dátiles. Yo siembro hoy, para que otros puedan comer mañana los dátiles que hoy planto... y aunque sólo fuera en honor de aquel desconocido, vale la pena terminar mi tarea.

–Me has dado una gran lección, Eliahu, déjame que te pague con una bolsa de monedas esta enseñanza que hoy me diste —y diciendo esto, Hakim le puso en la mano al viejo una bolsa de cuero.

–Te agradezco tus monedas, amigo. Ya ves, a veces pasa esto: tú me pronosticabas que no llegaría a cosechar lo que sembrara. Parecía cierto y, sin embargo, mira, todavía no termino de sembrar y ya coseché una bolsa de monedas y la gratitud de un amigo.

–Tu sabiduría me asombra, anciano. Ésta es la segunda gran lección que me das hoy y es quizá más importante que la primera. Déjame pues que pague también esta lección con otra bolsa de monedas.

–Y a veces pasa esto —siguió el anciano y extendió la mano mirando las dos bolsas de monedas—: sembré para no cosechar y antes de terminar de sembrar ya coseché no sólo una, sino dos veces.

–Ya basta, viejo, no sigas hablando. Si sigues enseñándome cosas tengo miedo de que no me alcance toda mi fortuna para pagarte...

–¿Entiendes, Demián? —me preguntó el gordo.

–Más que eso: ¡me doy cuenta! —contesté yo...

248

Autorrechazo

...Ese día, cuando terminamos la sesión, el gordo me dio un sobre cerrado que decía: "Para Demián".

–¿Y esto? —pregunté.

–Es tuyo, lo escribí para ti hace muchos meses.

–¿Hace muchos meses?

–Sí, a decir verdad, se me ocurrió pocas semanas después de que empezaste a venir a terapia. Yo estaba leyendo un poema escrito por un estadunidense: Leo Booth. El texto de Booth empezaba con el primer párrafo de lo que vas a leer ahora...

Y mientras leía, aparecía tu imagen en mi retina y tus palabras de las primeras sesiones resonaban en mis oídos... Así que me senté y te escribí esto.

–¿Y por qué me lo das hasta ahora?

–Porque creo que antes no lo hubieras entendido.

Leí...

Autorrechazo

Estaba allí desde el primer momento,
en la adrenalina
que circulaba por las venas de tus padres
cuando hacían el amor para concebirte,
y después en el fluido
que tu madre bombeaba a tu pequeño corazón
cuando todavía eras sólo un parásito.

Llegué a ti antes de que pudieras hablar,
antes aun de que pudieras entender algo
de lo que los otros te hablaban.
Estaba ya, cuando torpemente
intentabas tus primeros pasos
ante la mirada burlona y divertida de todos.
Cuando estabas desprotegido y expuesto,
cuando eras vulnerable y necesitado.

Aparecí en tu vida
de la mano del pensamiento mágico,
me acompañaban...
las supersticiones y los conjuros,
los fetiches y los amuletos...
las buenas formas, las costumbres y la tradición...
tus maestros, tus hermanos y tus amigos...

Antes de que supieras que yo existía,
yo dividí tu alma en un mundo de luz y uno de oscuridad.
Un mundo de lo que está bien y otro de lo que no
lo está.

Yo te traje tus sentimientos de vergüenza,
te mostré todo lo que hay en ti de defectuoso,
de feo,
de estúpido,
de desagradable.
Yo te colgué la etiqueta de "diferente",
cuando te dije por primera vez al oído
que algo no andaba del todo bien contigo.

Existo desde antes de la conciencia,
desde antes de la culpa,
desde antes de la moralidad,
desde los principios del tiempo,
desde que Adán se avergonzó de su cuerpo
al notar que estaba desnudo...
¡y lo cubrió!

Soy el invitado no querido,
el visitante no deseado,
y sin embargo
soy el primero en llegar y el último en irme.
Me he vuelto poderoso con el tiempo,
escuchando los consejos de tus padres sobre cómo
triunfar en la vida.

Observando los preceptos de tu religión,
que te dicen qué hacer y qué no hacer
para poder ser aceptado por Dios en su seno.
Sufriendo las bromas crueles
de tus compañeros de colegio,
cuando se reían de tus dificultades.
Soportando las humillaciones de tus superiores.

Contemplando tu desgarbada imagen en el espejo
y comparándola después con las de los "exitosos"
que se muestran por televisión.

Y ahora, por fin,
poderoso como soy
y por el simple hecho
de ser mujer,
de ser negro,
de ser judío,
de ser homosexual,
de ser oriental,
de ser discapacitado,
de ser alto, pequeño, o gordo...
puedo transformarte...
en un montón de basura,
en escoria,
en un chivo expiatorio,
en el responsable universal,
en un maldito
bastardo
desechable.

Generaciones y generaciones de hombres y mujeres
me apoyan.
No puedes librarte de mí.

La pena que causo es tan insostenible
que para soportarme,
deberás pasarme a tus hijos,
para que ellos me pasen a los suyos,
por los siglos de los siglos.

Para ayudarte a ti y a tu descendencia,
me disfrazaré de perfeccionismo,
de altos ideales,
de autocrítica,
de patriotismo,
de moralidad,
de buenas costumbres,
de autocontrol.

La pena que te causo es tan intensa
que querrás negarme
y para eso
intentarás esconderme detrás de tus personajes,
detrás de las drogas,
detrás de tu lucha por el dinero,
detrás de tus neurosis
detrás de tu sexualidad indiscriminada.
Pero no importa lo que hagas,
no importa adónde vayas,
yo estaré allí
siempre allí.
Porque viajo contigo
día y noche
sin descanso,
sin límites.

Yo soy la causa principal de la dependencia,
de la posesividad,
del esfuerzo,
de la inmoralidad,
del miedo,
de la violencia,

del crimen,
de la locura.

Yo te enseñé el miedo a ser rechazado,
y condicioné tu existencia a ese miedo.
De mí dependes para seguir siendo
esa persona buscada, deseada,
aplaudida, gentil y agradable
que hoy muestras a los otros.
De mí dependes
porque yo soy el baúl en el que escondiste
aquellas cosas más desagradables,
más ridículas,
menos deseables de ti mismo.

Gracias a mí,
has aprendido a conformarte
con lo que la vida te da,
porque después de todo,
cualquier cosa que vivas será siempre más
de lo que crees que mereces.

¿Has adivinado, verdad?

Soy el sentimiento de rechazo que sientes por ti mismo.

SOY... EL SENTIMIENTO DE RECHAZO QUE SIENTES POR TI MISMO.

Recuerda nuestra historia...

Todo empezó aquel día gris
en que dejaste de decir orgulloso:
¡YO SOY!

y entre avergonzado y temeroso,
bajaste la cabeza
y cambiaste tus dichos y actitudes
por un pensamiento:
YO DEBERÍA SER...

—Claro —confirmé— antes no lo hubiera entendido.

—...Y además, Demi, te lo doy ahora porque no quiero que termine tu paso por este consultorio sin llevártelo.

—¿Me estás corriendo? —pregunté como hacía mucho.

Por primera vez desde que lo conocía a Jorge, tartamudeó.

—Creo que sí... —susurró.

El gordo guiñó un ojo, se sonrió y me rozó la mejilla con su mano...

—Te quiero mucho, Demián...

—Yo también te quiero mucho, gordo...

Sin decir una palabra más, me levanté.

Me acerqué y le di un beso y un largo abrazo a Jorge...

Luego salí a la calle...

...Por alguna razón sentía que *mi vida* empezaba esa tarde...

Epílogo

Y bien... eso es todo.

Durante los últimos meses, he intentado compartir contigo algunos cuentos que suelo contar a los que quiero.

Algunos cuentos que me suelen servir a mí mismo para alumbrar algunos pasajes oscuros de mi propio camino.

Algunos cuentos que me acercaron a personas a quienes admiré y admiro por su sabiduría.

Algunos cuentos, en fin, que me gustan, que disfruto y que amo cada vez más.

Un libro de cuentos termina, por supuesto, con un cuento. Éste se llama "La historia del diamante oculto" y está basado en un relato de I. L. Peretz:

En un país muy lejano vivía un campesino.

Él era el dueño de un pequeño campo, donde cultivaba cereales y de un jardincito que hacía las veces de huerta, donde la esposa del campesino plantaba y cuidaba algunas hortalizas que ayudaban al magro presupuesto familiar.

Un día, mientras trabajaba su campo tirando con su propio esfuerzo del rudimentario arado, vio entre los terrones de la buena tierra, algo que brillaba intensamente. Casi desconfiado, se acercó y lo levantó. Era como un vidrio enorme. Se sorprendió del brillo, que enceguecía al recibir los rayos del sol. Comprendió que se trataba de una piedra preciosa y que debía tener un valor enorme.

Por un momento, su cabeza vagó soñando con todo lo que podría hacer si vendiera el brillante, pero enseguida pensó que ese diamante era un regalo del cielo y que él debía cuidarlo y usarlo solamente en caso de emergencia.

El campesino terminó su tarea y volvió a su casa llevando consigo el diamante...

Le dio miedo guardar la joya en la casa, así que cuando anocheció salió al jardín, hizo un pozo en la tierra entre los tomates y enterró allí el diamante. Para no olvidar dónde estaba enterrada la joya, puso justo sobre el lugar una roca amarillenta que encontró por allí.

A la mañana siguiente, el campesino llamó a su esposa, le mostró la roca y le pidió que por ninguna razón la moviera de lugar. La esposa le preguntó por qué tenía que estar esa extraña piedra entre sus tomates. El campesino no se animaba a contarle la verdad, temía preocuparla, así que le dijo:

—Ésta es una piedra muy especial. Mientras esa piedra esté en ese lugar, entre los tomates, tendremos suerte.

La esposa no discutió este desconocido perfil supersticioso de su marido y se las arregló para acomodar sus plantitas de tomate.

El matrimonio tenía dos hijos, un varón y una niña.

Un día, cuando la niña tenía diez años le preguntó a su madre por la piedra del jardín.

–Trae suerte —dijo la madre y la niña se conformó.

Una mañana, cuando la hija salía para el colegio, se acercó a los tomates y tocó la roca amarillenta (ese día tenía un examen muy difícil).

Sólo por casualidad o porque la niña fue más confiada a la escuela, el caso es que el examen salió muy bien y la niña confirmó "los poderes" de la piedra.

Esa tarde cuando la niña volvió a la casa, trajo una pequeña piedra amarillenta que colocó al lado de la anterior.

–¿Y eso? —preguntó la madre.

–Si una piedra trae suerte, dos nos traerán más suerte —dijo la niña en una lógica indiscutible.

A partir de ese día, cada vez que la niña encontraba una de esas piedras, la acercaba a las anteriores.

Como un juego de complicidades o como una manera de acompañar a la niña, también la madre comenzó con el tiempo a apilar piedras junto a las de su hija.

El hijo varón, en cambio, creció con el mito de las piedras incorporado a su vida. Desde pequeño le habían enseñado a apilar piedras amarillentas al lado de las anteriores.

Un día, el niño trajo una piedra verdosa y la apiló con las otras...

–¡¿Qué significa esto, jovencito?! —lo increpó la madre.

–Me pareció que la pila quedaría más linda con un toque verdoso —explicó el joven.

–De ninguna manera, hijo. Quita esa piedra de entre las otras.

–¿Por qué no puedo poner esa verde con las demás? —preguntó el niño, que siempre había sido bastante rebelde.

–Porqueee... eh... —balbuceó la madre (ella no sabía por qué sólo piedras amarillentas eran las que traían suerte, sólo recordaba las palabras de su marido "una piedra como ésta entre los tomates trae suerte").

–¿Por qué, mamá, por qué?

–Porque... las piedras amarillas traen suerte sólo si no hay piedras de otro color cerca —inventó la madre.

–Eso está mal —cuestionó el niño—, ¿por qué no van a traer igual suerte si están con otras?

–Porque... eh... ah... las piedras de la suerte son muy celosas.

–¡¡Celosas!? —repitió el joven con una risa irónica—, ¿piedras celosas? ¡Esto es ridículo!

–Mira, yo no sé de los porqué y los porqué-no de las rocas, si quieres saber más, pregúntale a tu padre —le dijo la madre y se fue a hacer sus cosas, no sin antes retirar la intrusa piedra verdosa que el niño había traído.

Esa noche, el niño esperó hasta tarde a que su padre volviera del campo.

–Papá, ¿por qué las piedras amarillentas traen suerte? —le preguntó apenas lo vió entrar—, ¿y por qué las verdosas no? ¿Y por qué las amarillas no traen más suerte si hay una verde cerca? ¿Y por qué tienen que estar entre los tomates?

...Y hubiera seguido preguntando antes de escuchar respuesta, si su padre no hubiera levantado la mano en señal de detenerlo.

–Mañana, hijo, saldremos juntos al campo y contestaré todas tus preguntas.

–¿Y por qué hasta entonces...? —quiso seguir el joven.

–Mañana, hijo... mañana —lo interrumpió el padre.

Bien temprano a la mañana siguiente, cuando todos dormían en la casa, el padre se acercó al joven, lo despertó con ternura, lo ayudó a vestirse y lo llevó con él al campo.

–Mira, hijo, hasta ahora no te conté esto porque creí que no estabas preparado para conocer la verdad. Pero hoy me parece que has crecido, que ya eres un hombrecito y estás en condiciones de saber lo que sea y de guardar el secreto mientras sea necesario.

–¿Qué secreto papá?

–Te diré. Todas esas piedras están entre los tomates sólo para marcar un determinado lugar del jardín. Debajo de todas esas rocas está enterrado un valioso diamante, que es el tesoro de esta familia. Yo no quise que los demás supieran, porque me pareció que no se hubieran quedado tranquilos. Así como yo hoy comparto el secreto contigo, tuya será desde hoy la responsabilidad del secreto familiar... Algún día tendrás tus propios hijos, y algún día sabrás que alguno de ellos debe ser informado del secreto. Ese día llevarás a tu hijo lejos de la casa y le contarás la verdad sobre la joya escondida, como yo hoy te la cuento a ti —el padre besó en la mejilla a su hijo y siguió. Guardar un secreto también consiste en saber cuándo es el momento y quién es la persona que puede ser digna del mismo. Hasta tanto llegue tu día de elegir, debes dejar que los otros miembros de la familia, todos los otros, crean lo que quieran sobre las rocas amarillas, verdes o azules.

–Puedes confiar en mí, papá —dijo el jovencito y se paró erguido, para parecer más grande.

...Pasaron los años. El viejo campesino murió y el jovencito se hizo hombre. Éste tuvo sus hijos y de entre todos ellos, hubo uno solo que supo a su tiempo el secreto del brillante. Todos los demás creían en la suerte que traían las piedras amarillentas.

Durante años y años, generación tras generación, los miembros de esa familia acumularon piedras en el jardín de la casa. Se había formado allí una enorme montaña de piedras amarillentas, una montaña a la que la familia honraba como si fuera un enorme talismán infalible.

Sólo un hombre o una mujer en cada generación era el portador de la verdad del diamante, todos los demás adoraban las piedras...

Hasta que un día, vaya a saber por qué, el secreto se perdió.

Quizá un padre que murió súbitamente, quizá un hijo que no creyó lo que le contaron. Lo cierto es que de allí en más, hubo quienes siguieron creyendo en el valor de las piedras y hubo también quienes cuestionaron esa vieja tradición. Pero nunca más, nadie se dio cuenta de la joya escondida...

Estos cuentos que acabas de leer
son apenas algunas piedras.
Piedras verdes,
piedras amarillas,
piedras rojas.

Estos cuentos,
han sido escritos sólo
para señalar un lugar o un camino.

El trabajo de buscar adentro,
en lo profundo de cada relato,
el diamante que está escondido...
...es tarea de cada uno.

"Autorrechazo": (p. 249) Inspirado en una poesía de L. Booth citada por J. Bradshaw.

"Buscando a Buda": (p. 114) Versión libre de un cuento de M. Menapace, *Cuentos Rodados*, Patria Grande.

"Carpintería 'El 7'": (p. 52) Modificado de M. Menapace, *Entre el brocal y la fragua*, Patria Grande.

"Dos de Diógenes": (p. 160) Tomados de dos relatos tradicionales griegos en *Mitos y leyendas*, Helénica.

"Dos números menos": (p. 47) De la imaginación del autor.

"El centauro": (p. 156) De un cuento infantil de autora argentina, versión del autor.

"El círculo del noventa y nueve": (p. 146) De una idea de B. Shree Rajneesh en *Los tres tesoros*, Kier.

"El cruce del río": (p. 107) De un relato zen de S. Sumishi El Koan, Visión.

"El detector de mentiras": (p. 195) Del libro de Jorge Bucay, *Cuentos para pensar*, Aquí y Ahora, 1978.

"El diamante en el huerto": (epílogo, p. 256) Inspirado en un cuento talmúdico citado por el rabino M. Edery.

"El elefante encadenado": (p. 15) De la imaginación del autor.

"El gato del ashram": (p. 191) De B. Shree Rajneesh en *El fuego sagrado*, Humanitas.

"El leñador esforzado": (p. 120) De A. Beauregard, *Cápsulas motivacionales*, Diana.

"El hombre que se creía muerto": (p. 38) De un cuento ruso tradicional, versión del autor.

"El juez justo": (p. 225) De un cuento de Moss Roberts, *Cuentos fantásticos de China*, Crítica.

"El laberinto": (p. 142) Del libro de Jorge Bucay, *Cuentos para pensar*, Aquí y Ahora, 1978.

"El ladrillo boomerang": (p. 25) De la imaginación del autor.

"El plantador de dátiles": (p. 245) De un cuento sefardí de Leo Rothen, *Jewish Treasury*, Bantam Books.

"El portero del prostíbulo": (p. 41) De un viejo relato talmúdico citado por M. Buber.

"El reloj parado a las siete": (p. 173) Basado en un relato de G. Papini en *El piloto ciego*, Hispamérica.

"El rey ciclotímico": (p. 32) De la tradición tibetana K. Moghama, *Cuentos y leyendas del Tíbet*, Oriente.

"El rey que quería ser alabado": (p. 181) De un relato sufí de Y. Selman, *El increíble Goha*, del autor.

"El sueño del esclavo": (p. 208) De un planteamiento socrático citado por L. Klicksberg.

"El tesoro enterrado": (p. 72) Historia talmúdica de M. Buber, "Leket", Hemed.

"El verdadero valor del anillo":(p. 28) De un cuento sefardí relatado familiarmente.

"Factor común": (p. 19) De la imaginación del autor.

"La ejecución": (p. 215) De una parábola sufí de I. Shah, *Pensadores de Oriente*, Kier.

"La esposa del ciego": (p. 211) De una historia tradicional de Senegal, versión del autor.

"La esposa sorda": (p. 89) Del humor popular relatado por J. Marrone, versión del autor.

"La gallina y los patitos": (pág. 123) De R. Trossero, *La sabiduría del caminante*, Bonum.

"La mirada del amor": (p. 134) Inspirado en un cuento popular francés, versión del autor.

"La olla embarazada": (p. 129) Versión libre de un relato de A. H. Halka, *Nasrudim*.

"La teta o la leche": (p. 23) De una idea tomada de un refrán popular, versión del autor.

"La tienda de la verdad": (p. 237) Basado en un relato de A. de Mello, *El canto del pájaro*, Lumen.

"Las alas son para volar": (p. 98) Del libro de Jorge Bucay, *Cuentos para pensar*, Aquí y Ahora, 1978.

"Las ranitas en la crema": (p. 36) De M. Menapace, *Cuentos rodados*, Patria Grande.

"Las lentejas": (p. 177) Adaptado de una cita de A. de Mello en *El canto del pájaro*, Lumen.

"Los diez mandamientos": (p. 185) De un cuento cristiano citado por F. Jalics, versión del autor.

"Los retoños del ombú":(p. 136) Basado en un relato de R. Trossero en *La sabiduría del caminante*, Bonum.

"¡No mezclar!": (p. 93) De un cuento hindú citado por I. Shah en *La sabiduría de los idiotas*, versión del autor.

"Otra vez las monedas": (p. 163) Versión libre de un cuento judío leído en Leo Rothen, *Jewish Treasury*, Bantam Books.

"Pobres ovejas":(p. 126) Historia del folclor argentino, versión del autor.

"Por una jarra de vino": (p. 77) Versión modificada de un cuento del Infante don Juan Manuel, *El conde Lucanor*, Hispamérica.

"Posesividad": (p. 57) De la imaginación del autor.

"Preguntas": (p. 241) De la imaginación del autor.

"¿Qué terapia es ésta?": (p. 63) De la imaginación del autor.

¿Quién eres?: (p. 100) Inspirado en un cuento modificado de G. Papini, *Lo trágico cotidiano*, Hispamérica.

"Regalos para el maharajá": (p. 111) De un cuento tomado de I. Shah, *Lo que un pájaro debería parecer*, Octógono.

"Solos y acompañados": (p. 83) Tomado de A. Beauregard, *Cápsulas motivacionales*, Diana.

"Torneo de canto": (p. 59) Tomado de A. Yunque, *Los animales hablan*, Pedagógicas.

"Yo soy Peter": (p. 201) De la imaginación del autor.

BIBLIOGRAFÍA ADICIONAL

Al-Qalyoubi, Ahmad, *Lo fantástico y lo cotidiano,* Visión Libros.

Bettelheim, Bruno, *Psicoanálisis de los cuentos de hadas,* Crítica.

Cattan, Henry, *The Garden of Joys,* Namara Publications.

Fernández, Mario R., *Cuentos Americanos,* Editorial Universitaria.

Gardener, Martín, *Paradojas.*

Gibran, Khalil, *El Profeta*, Galerna.

Gougaud, Henri, *El árbol de los soles*, Crítica.

Haley, Jay, *Terapia no convencional, A*morrortu.

Khayyam, Omar, *Rubaiyat,* Andrómeda.

La Fontaine, *Fábulas*, Iridium.

Pino Saavedra, Yolando, *Cuentos mapuches de Chile,* Editorial Universitaria.

Reinhard y A. M. Tausch, *Psicoterapia por la conversación,* Herder.

Watzlawick, Paul, *El lenguaje del cambio*, Herder.